Heibonsha Library

レーニン・セレクション

JN117977

平凡社ライブラリー

Heibonsha Library

レーニン・セレクション

Vladimir Ilyich Lenin

和田春樹編訳

平凡社

本書は一九七七年に平凡社より刊行された『世界の思想家22　レーニン』の一部を改訂したものです。

本書に掲載した写真はすべて二〇一七年にモスクワで刊行された『一九一七年　ロシア革命百周年記念レーニン写真集』から引用したものです。

平凡社ライブラリー版 まえがき

本書は、一九七七年一一月、平凡社の「世界の思想家」シリーズの一冊として刊行された『世界の思想家22 レーニン』の後半部分を改訂して出版するものである。原著が出版された年は、ロシア革命の六〇周年にあたり、共産党国家ソ連は世界文明の一方の柱、軍事的超大国として健在であり、レーニンはソ連社会主義国家の創設者、世界共産主義運動の創始者としてあがめられていた。もとより一九五六年のスターリン批判とハンガリー事件以来、ソ連社会の現実に批判的に向き合ってきた私としては、レーニンを「一個の生きた矛盾として、変化の相の中でとらえる」という姿勢をつらぬいて、レーニンの生涯をえがき、その思想のアンソロジーを編纂したつもりである。私の結論は中国辛亥革命の指導者孫文がのこした言葉からとった「未完の革命」の象徴としてレーニンをみるところに表現されていた。

もとよりレーニンをみる私の姿勢は今日にいたるも、変わっていない。しかし、それから一〇年後にソ連でペレストロイカ革命がはじまり、一九九一年にはソ連共産党が崩壊し、ソ連社会主義国家が存在を終えるという大変革がおこったのである。ここに一九一七年のロシア革命がひらいた歴史の一時代が終わった以上、その時代についてのわれわれの歴史像が修正されざるをえないし、また、レーニンの生涯と思想についての認識も変わらざるをえない。

私はペレストロイカの中で歴史の再検討をすすめ、あたらしい歴史像の構築の営みをつづけた。最初の作品は一九九二年の『歴史としての社会主義』（岩波新書）である。その歩みはおそく、二〇一六年に『スターリン批判　1953〜56年』（作品社）、二〇一八年に『ロシア革命　ペトログラード1917年2月』（作品社）を出しえたにすぎない。変化した歴史像の中にレーニンの生涯と思想を位置づけなおすことも十分にはできていないながら、もとめに応じて、二〇一七年には『レーニン　二十世紀共産主義運動の父』（山川出版社）を刊行した。

本書は、その二〇一七年に試みたレーニン像の再構築を続ける仕事である。ここでレーニンの社会主義革命論をさらに考え直し、歴史の中に位置づけなおした。もはやレーニンは「未完の革命」の象徴ではない。レーニンの社会主義革命論の中にあるスターリン主義国家をみちびく負の要素に目を向けなければならない。レーニン最後の闘争は、自分の敷いたレールの上を進む列車から飛び降りようとする人の苦悶であった。

一九二七年に日本の文学者芥川龍之介はレーニンについて詩を書いた。

誰よりも民衆を愛した君は
誰よりも民衆を軽蔑した君だ。

レーニンを研究する者はこの文学者の単純な問かけになお答えなければならない。

二〇二三年一〇月

和田春樹

まえがき

この本の出版が、ロシア革命六〇周年のその月になされることになったのは、偶然にすぎない。ではあるが、私としては、そのめぐりあわせについて意識せざるをえなかった。

もとよりレーニンとその思想がロシア革命のきわめて重要な、決定的な部分を形づくっていることには異論があろうはずはない。しかし、ロシア革命における人々の営みは、レーニンよりもはるかに広い、というのが、私の現在の考えである。だから、レーニンについて語るだけでは、ロシア革命の総括にはならない。このことをまず強調しておきたい。

そのことを確認した上で、レーニンをどのようにとらえるべきか、つまりロシア革命の混沌とした流れの中で、主導者の位置に浮かび上がったレーニンを真に歴史的に、人間的にとらえることはどのようにして可能か、が考えられねばならない。私が立てた方法は、レーニンを一個の生きた矛盾として、変化の相の中で、とらえるということにつきる。

レーニンを一個の矛盾としてみるという考えのもとに、彼の「原点・方法・人間」について、総括的に、通時的に眺めてみたのが、第Ⅰ章である。これに付した「革命家の人間学」という章名は、津田道夫氏の著書の副題と一致することになってしまったが、御寛容をお願いしたい。

レーニンの思想の発展を画するモメントとしては、(1)一九〇一―〇三年、(2)一九〇五年の第一次革命期、(3)第一次大戦期、(4)一九一七年革命期、(5)一九二二年末―二三年はじめ、と五つの時期を設定している。そして、はじめの(1)と(2)に第Ⅱ章をあて、思い切って、(3)の大戦期を独立させて第Ⅲ章とし、最後の(4)と(5)を第Ⅳ章で扱っている。具体的には、党・権力論と帝国主義論、農民問題論と民族問題論――この四つをレーニンの思想の骨組としてとらえて、それらがどのように生まれ、形成され、変容、修正されていったかを追い求めるようにした。

レーニンは、たんなる哲学者でも、思想家でもない。彼は、革命家であり、政治家であった。彼の言葉の一つ一つは、多くの人間の運命を左右した。もとより彼の死後も、彼の知らないところで、そうであった。レーニンのアンソロジーを編み、「レーニン主義」について語るということは、つねに政治的な、イデオロギー的な行為であった。スターリンの最初の重要な著作が『レーニン主義の基礎』であることが思い出されるべきである。あることを主張せんがために、それに都合のよいレーニンの言葉が集められることは、あまりにしばしばなされてきた。

本書を編むにあたって、私は、旧来の論じ方からできるかぎり遠ざかることを目ざした。レーニンを、教条、教義としてではなく、歴史的な思想としてみることに徹しようとした。その意味で、本書は、きわめて積極的に、主観的なアンソロジーたらんとするものである。むしろ、恐れているのは、でき上がりが、まだまだ古い枠にはまっているのではないかということである。

訳については、まず私の旧訳『帝国主義』（『世界の名著52　レーニン』）から抜粋収録することを許可されたことに対して、中央公論社に感謝するものである。これ以外はすべて『レーニン全集』第五版より新しく訳出した。そのさい、大月書店版の邦訳『レーニン全集』（第四版の訳）を参考にさせてもらった。先人の努力に感謝したい。

『レーニン全集』のテキストでは、強調はイタリック体と、イタリックで字間をあけるものとの二種類あるが、煩瑣《はんさ》であるので、これらを区別せず、本書ではすべて傍点で処理したことをお断りしておく。

レーニンの文章のあとに、出典を書き、さらに年月を付しているが、これは原則として執筆の時期をあらわし、執筆と発表とが接近している場合は、発表時期を示している。その年月もふくめて、本書で使う日付は、一九一八年一月三一日までは、すべてロシア暦によっている。これは一九世紀では一二日、二〇世紀に入ってからは一三日を足すと、西暦となる。

一九七七年一〇月　　　　和田春樹

目次

1919年５月25日、赤の広場で演説するレーニン

凡例

・本文中にある小見出しは編訳者が付した。（例：兄の処刑、ヴォルガ体験）

・本文、引用文の末に引用元と刊行時期を掲載した。またレーニン以外による著作物には著作者の名を記載した。

・よみやすさに配慮し、編訳者の判断により訳注や傍点を付した。また原著から文章を抜き出す際、適宜割愛して掲載した。

・引用文中にある［……］は中略の意を示す。編訳者の判断により付した。

思想と生涯　社会主義革命の父レーニン

和田春樹

一　革命家の形成

「怠け者」レーニン

レーニンの本名は、ウラジーミル・イリイーチ・ウリヤーノフである。彼がはじめてこのペンネームを使ったのは、三〇歳の時、一九〇一年一月、プレハーノフにあてた手紙においてである。レーニンという姓は、レナ川からできた姓で、プレハーノフはかつてヴォルガ川からつくられたヴォルギンという姓を用いたことがある。だから、このペンネームを使ったのは、ソルジェニーツィンのいうように、あなたがヴォルガ川なら、私はレナ川だと、はり合う気持からだとみることもできる。だが、レーニンはシベリア流刑中にレナ川のほとりに立ったことはないし、レナ川を格別に愛したとも知られていない。プレハーノフにはり合う気持で、このペンネームを終生使うようになるという解釈にはどうも無理がある。

私の説は、「レニーフツィン」説である。後年、『帝国主義』を書き上げたとき、レーニンは、これが検閲を通って出版されるように、場合によっては、署名を「エヌ・レニーフツィン」と変えてよいと仲介者のポクロフスキーに提案した。Ленин を Ленивцын と変えてよいというのであるが、中に三文字（вцы）をはさむだけで、レーニンは形容詞の「レニーヴィ（怠け者の）」から出た「怠け者」という言葉になる。私にはこの提案がこの時だけの、その場しのぎの思いつきとは思えないのである。

はじめに「レーニーフツィン」という言葉が頭にあって、「レーニン」という姓に格別の意味が与えられたのではないか。レーニンは、自分を「怠け者」と意識して、己れにたえず鞭打つという意味を込めていたのではないか。しかも、他人がみれば、なんの変哲もない、川の名からきた姓である。だから、中学生のような自分のいましめの気持を人に知られることもなく、好都合だったのだ。

ちなみに、ロシア革命でレーニンにつぐ地位を占める二人のうちの一人、ユダヤ人レフ・ダヴィドヴィチ・ブロンシチェインが、「トロツキー」という姓をなぜ終生使うにいたったかは、自伝にも語られていないが、私の推測では、ドイツ語の「トロッ Trotz」との連想からだと思う。名詞なら「反抗心」、前置詞なら「にもかかわらず」の意である。つまり、「トロツキー」とはひそかに「反抗の人」を意味するのである。いま一人のグルジヤ人ヨーシフ・ヴィサリオーノヴィチ・ジュガシヴィーリが「スターリン」と名乗った理由は、あまりにも明白である。この人物は、「鋼鉄（スターリ）の人」をもって理想としたのである。しかも、彼は他人にそのことを誇示しようとした。「怠け者」レーニン、「反抗の人」トロツキー、「鋼鉄の人」スターリン――三者の個性の対照はあざやかである。

カルムイク人の子

レーニンは、一八七〇年四月一〇日（西暦二二日）、ヴォルガ中流の町シムビルスクに生まれた。父イリヤ・ウリヤーノフは、彼の出生時は県の視学官で、のちに県の国民学校局長の職に上り、世襲貴族となって死んだのだが、この父は、ヴォルガの河口の町アストラハンの仕立屋の息子で、カルムイク人であった。イリヤの母、つまりレーニンの父方の祖母がカルムイク人であることははっきりしており、イリヤの父ニコライ、つまりレーニンの祖父もカルムイク人かキルギス人であると考えられる根拠がある。カルムイク人は、一五世紀に西モンゴルに属していた遊牧の民で、一七世紀前半に中央アジアを越えて、ヴォルガ流域に移住してきた民族である。

一方、レーニンの母はマリヤ・ブランクといい、医師の娘である。その父アレクサンドルは、右岸ウクライナ、ヴォルイニヤ県のあるメスチェチコに生まれた。メスチェチコはユダヤ人の多く住んだ町型集落のことなので、彼はユダヤ人である可能性もある。母の母アンナはドイツ人とスウェーデン人の両親から生まれたことが知られている。

レーニンの父は、異族人の町人身分という最底辺から身をおこし、刻苦精励して、帝国大学を卒業して官吏になり「良家の令嬢」を妻にし、はては世襲貴族にまで上るというふうに、ツアーリ国家の社会的上昇のモデル・ケースのような人であったが、こういう場合によくあるように、子供たちは父の家との交渉はほとんどもたず、もっぱら母の実家でばかり夏休みをすごすということになった。子供たちは、父から、カルムイク人の出であるということをきかされることもなかった。だがその代わりに、彼らは、父がチュヴァーシ人などの異族人の子供たちの教育に非常な努力を傾けるのをみていた。父が協力者としたチュヴァーシ人の青年教師イ・ヤ・ヤコヴレフは、ウリヤーノフ家のなじみの客であった。

ヴォルガは「母なるヴォルガ」とロシア民謡にうたわれるが、本来、一六世紀半ばまではアジア人の川であって、ロシア人はここに征服者として来たのである。だから、レーニンの時代にも、ヴォルガの中下流域には、タタール人（モンゴル人）をはじめ、多種多様なアジア系諸民族が住んでおり、ロシア人とこれらの異族人とのせめぎ合いがつづけられていたのである。レーニンの父がすすめていたのは、たしかに、まぎれもなく教育による異族人のロシア国家への同化であったが、しかし、民族的偏見と差別を憎む感覚は、まさにこの父が、自分たちはロシア人だと思っている子供たちに植えつけたものであった。

兄の処刑

レーニンは、中学校でも優等生であったが、思想的な発達の面ではおくてであった。姉のアンナと兄のアレクサンドルは二つ違いで、仲がよく、中学校時代に二人でピーサレフを読んで語り合うこともあったのに、アレクサンドルの四つ下のレーニンは、この二人からそういう刺激をうけなかった。とくに兄とは気質が違ったので、反発し合っていた。兄が家ですごした最後の夏、『資本論』を読む兄のそばで、中学校最上級のレーニンが、寝ころんでトゥルゲーネフの小説を読んでいたというのは有名な話である。

したがって、この兄が一八八七年三月、皇帝アレクサンドル三世暗殺未遂事件の犯人の一人として逮捕されたというニュースは、レーニンを心底おどろかせた。兄は、早くも五月八日処刑されてしまう。その衝撃はあまりにも大きかったであろう。兄アレクサンドルが皇帝アレクサンドルによって処刑されたという事実は、革命家レーニンの出発点に横たわるものであった。

この兄の事件は、そのものとしてみれば、ナロードニキ革命が敗北し、ツァリーズムのすすめた近代化の路線が勝利した一八八〇年代において、「人民の意志」派が解体していく、まったき閉塞状況の中であらわれた絶望的テロリズムの試みでしかなかった。アレクサンドル・ウリヤーノフは、企てに誘い込まれて、しかも、真の首謀者が逃亡したあと、すすんで事の責任を取ったものである。そのいさぎよい態度は、この事件のほとんど唯一の救いであった。

レーニンは、この年八月にカザン帝大法学部に入学した。カザンの革命的青年のあいだで、「アレクサンドル・ウリヤーノフの弟」は、誘いかけの対象と意識され、「人民の意志」派のサークルとの交渉もできたが、一二月四日の学生騒動で、レーニンはたちまち退学処分をうけてしまう。彼は、母の父の領地カザン県コクシキノに追放された。

革命への旅立ち

このコクシキノでの読書が、レーニンの革命への旅立ちを用意することになった。チェルヌイシェフスキーの小説『なにをなすべきか』がレーニンを決定的にゆさぶった。チェルヌイシェフスキーは、一八六〇年代、「大改革」期の革命家、思想家で、一八六二年に逮捕され、獄中で書いたのがこの小説である。

ロシアでは、一八六一年に農奴解放がおこなわれたが、それと時を同じくして知性の解放と女性の解放を求める運動がおこった。男と女の新しい関係をつくることは、進歩派インテリゲンツィヤの規準となった。男はこれまで女を抑圧してきたのだから、平等な関係をつくるためには、妻である女にも、恋愛し、他の男の子供を産むことまでの行動の自由を認めなければならない、という主張もおこなわれた。曲がった棒をまっすぐにするためには、逆に曲げなければならないという「棒の逆曲げ」理論である。チェルヌイシェフスキーは、自身、そのような考えを実践した人で、『なにをなすべきか』は、「理性的エゴイズム」をモットーとして、個人の独立、男女の平等を追求する「新しき人々」の生活を描こうとしたものであった。この小説には、ラフメートフという禁欲的な革命家の形象も登場していた。オリジナルな本しか読まず、全国をまわって肉体労働に従事して、民衆と交わり、拷問に堪えるために針をうえたベッドの上に寝て鍛練し、女性の愛を斥けるという人物である。長いあいだ『なにをなすべきか』はロシアの青年たちのバイブルでありつづけたが、六〇年代には男女の新しい関係が彼らの心を引きつけたのに対して、七〇年代には革命家ラフメートフ像が青年たちをとらえた。レーニンもおそらくラフメートフに深い印象をうけ、自らも「発動機中の発動機、地の塩の塩」たる革命家として生きんと決意したのであろう。

八八年九月、レーニンは許されてカザンに戻り、「人民の意志」派サークルに出入りして『資本論』の講読に参加した。ついで彼は、プレハーノフの著書『われわれの意見の不一致』を読んで、マルクス主義の立場をうけ入れていった。八九年五月、レーニンの母は、サマーラ県にフートル（家つき農場）を買い、レーニンに経営させようとした。五カ月間レーニンは努めたが、近在の村アラカエフカの農民との関係がまずくなり、この企てを断念せざるをえなかった。レーニンのような努力家がこんなに短期間で逃げ出すということは、農業経営、農家のくらしが本質的にレーニンには合わなかったということを意味する。農民はついに彼のくらしの外にあるものであった。

八九年九月、サマーラ市内に移ってのち、スクリャレンコのサークルに入って、理論研究を積み重ねていたが、ペテルブルク帝大の卒業検定試験にパスして、一八九二年一月、弁護士補となった。だが、結局彼は一年半ほどしかこのポストで働かなかった。九三年八月、レーニンは、革命運動に献身するつもりで、首都ペテルブルクへ出ていった。

ナロードニキ批判

この間、一八九一年の大飢饉は、安定的に成長するかとみえた近代ロシア社会のはらむ深刻な矛盾に対する警鐘をならし、無気力に慣らされていたインテリゲンツィヤの覚醒をもたらしていた。この飢饉はロシア資本主義発展の矛盾の現われであると考えるナロードニキ系の人々が先頭を切って、積極的な行動に出ていた。マルクス主義派、社会民主主義派は、この飢饉を資本主義発展の不足の結果と考えており、対応は緩慢であった。

レーニンは首都に出て、工業高専を中心に活動をつづけていた社会民主主義派のサークルに迎え入れられた。九四年六月、彼は『「人民の友」とはなにか、そして彼らは社会民主主義者といかに闘っているか』を書いて、ナロードニキの権威に対する理論闘争の火蓋を切った。レーニンのこの書物はこんにゃく版の地下出版で部数も限られていたが、つづいて、この年九月ペテルブルク帝大のマルクス青年の代表者ストルーヴェの書いた『ロシアの経済的発展の問題にたいする批判的覚え書』が合法出版物として刊行された。ストルーヴェは、ロシアの独自的な経済発展を主張する人々を「ナロードニキ主義」と総称することをはじめておこなった。この本は、そのナロードニキを批判して、ロシアにおける資本主義発展の歴史的意義を擁護するものであった。資本主義こそが文化を高めるという主張から、この本は、「だめだ、われわれの非文化性を認め、資本主義に学びに行こう」と結ばれていた。

ストルーヴェの本は、はじまったロシア資本主義の高度成長と相まって、一世を風靡して、マルクス青年を輩出させた。レーニンは、この本のはらむ「客観主義」に危惧を感じて、「ナロードニキ主義の経済学的内容とストルーヴェ氏の著書におけるその批判」なる論文を書いて批判を加えたが、ストルーヴェは引きつづき彼の盟友であって、反ナロードニキ主義、西欧主義は共通の主張であった。

一八九五年四月、レーニンは、組織の委任をうけて、国外旅行に出て、プレハーノフ、アクセリロードらと会って、帰ってきた。当時ドイツ社会民主党内では農業綱領論争がおこなわれていた。レーニンは正統派カウツキーの立場をよしとした。このころ、ロシアの社会民主主義運動の中では、労働者工作のやり方をあらため、従来のサークルでの宣伝から日常要求に基づく煽動に移ることが主張されはじめた。この新風の推進者の一人であったマルトフのグループとレーニンが属したグループとは合同することになった。このグループがのちにペテルブルク労働者階級解放闘争同盟と名乗るようになる。

その名称が生まれる前に、一八九五年一二月九日、レーニンは逮捕された。彼は一年二カ月ペテルブルクの獄につながれる。その間、一八九六年六月、首都の綿工業労働者一万八〇〇〇人が一〇時間半労働要求のゼネストに立ち上がり、労働者階級の力を満天下に示したのであった。ツァーリ政府は、ともかくこの闘争に対応して、翌一八九七年、一一時間半に労働時間を短縮する立法をおこなった。このことは、専制国ロシアでも、労働者の経済闘争が一定の成果を生みうることを示したため、経済主義的傾向が運動の内部に台頭することとなった。

レーニンは、九七年一月、東シベリアへの三年の流刑に処せられ、五月八日、エニセイ県のシュシェンスコエ村に到着した。翌九八年に、流刑地の変更を認められた許嫁の同志クルプスカヤがここに到着し、七月一〇日二人は結婚した。ペテルブルクの獄にいたときから、レーニンはさらなるナロードニキ批判のために、ロシア経済の分析をすすめていたが、その成果として世に問うたのが、一八九九年刊行の『ロシアにおける資本主義の発達』であった。この書物は、ナロードニキのロシア資本主義分析の柱である国家の経済政策と国際的な経済関係を捨象して、農民層の分解と小手工業の分解を検出して、国内市場の形成を論証しようとしたものである。ナロードニキの一面の弱点を突いてはいるが、ロシア資本主義のトータルな分析を果たすことができず、一部にみられる資本主義的分解の傾向をロシア全体に及ぼすという誤りを犯した。このとき、ナロードニキ系では、ロシア資本主義の危機、破産を主張した九三年のニコライ・――オーン（ダニエリソーン）に代わって、ロシア資本主義の発展の事実をとり入れつつ、問題をロシア資本主義の国民的類型としてとらえんとするチェルノフの理論が生まれていた。

ナロードニキに対して勝ち誇ったマルクス主義の側では、世紀末には、思想的保守化、混乱が目立ってきた。経済主義的傾向を現わした文書「クレド」がシベリアの流刑囚のあいだにも伝わり、レーニン、マルトフらは集まって、これに対する抗議を表明するということがあった。一八九八年、ミンスクで開かれたロシア社会民主労働党の創立大会で採択された宣言の筆者ストルーヴェも、こののち、ベルンシュタインの修正主義に急速に傾斜していった。

二　成熟と試練

『なにをなすべきか』

一九〇〇年一月二九日、レーニンは刑期を終えて、シュシェンスコエ村をあとにした。彼はしばらくプスコフに滞在し、マルトフ、ポートレソフとともに、全国的政治新聞を出す企てを話し合った。七月、レーニンとポートレソフはスイスへ赴き、プレハーノフらと新聞刊行の話し合いをおこなった。このときのプレハーノフの態度はレーニンをひどく苦しめ、生涯で唯一の私的感情を吐露した文章「いかにして『イスクラ』はあやうく消えかけたか」を書かせた。

結局妥協はなり、一九〇〇年一二月一一日『イスクラ』創刊号は発行された。レーニンは、クルプスカヤとともに『イスクラ』の工作者を国内各地に派遣し、その地に社会民主党委員会を組織させるように努力した。

一九〇一年春、ペテルブルクとモスクワをはじめ全国の大学所在都市で、学生の街頭闘争がおこり、これに市民、労働者が呼応して参加するという形で、空前の高揚がおこった。しかも、この運動は、学生の懲罰徴兵を決めた文部大臣ボゴリューボフに対するテロルと結びついていた。社会民主主義者の中には、『ラボーチェエ・ヂェーロ』派のように、民衆運動の高揚に熱狂し、レーニンら『イスクラ』派を批判する者も現われた。この状況の中に、レーニンが書いたのが『なにをなすべきか』である。一九〇二年三月に出たこの本は、レーニンがはじめてレーニンのペンネームで出版した本であり、内容的にも、レーニンがまさにレーニンになったことを告げる作品であった。

西欧でもわが国でも、この本にみるレーニン思想を、大衆の自己運動を否定する党至上主義、権力奪取主義、「ジャコバン主義」とする見解があるが、そのようにみることは皮相であろう。『なにをなすべきか』に革命家レーニンの成熟をみるとすれば、それは何よりもまず、レーニンがロシア革命の課題の特殊性に注目し、ロシア革命運動の「個性」の追求を主張し、かつ全力をあげて状況を切りひらく決意を世界史的使命感をもって表明している点にある。このような精神態度の確立に立って、レーニンは、かの「自然発生性」、「意識性」論を主張しているのである。

スチヒーヤと意識

これまで「自然発生性」と訳されてきたのは「スチヒーイノスチ」であるが、これは「スチヒーヤ」という名詞から生まれた言葉であるので、私は「スチヒーヤ性」と訳すことにする。というのは「自然発生性」と訳すのではニュアンスが出ないからである。「スチヒーヤ」はきわめて独特な言葉で、他の西欧語に例をみない。ギリシア語の「ストイヘイオン」(元素)に発する言葉で、ロシア語では転じて「自然現象」「自然力」をさす言葉として使われている。それが革命家の世界では、無自覚的な民衆の運動をさす言葉に転用されたのである(II章コメント参照)。

レーニンは、「スチヒーヤ性」と「意識性」とを対置するが、両者の関係は固定的にはとらえられていない。後者の拡大による前者の縮小こそが目ざされているといってよい。しかし、「スチヒーヤ」に対するレーニンの感じ方は二様であり、両義的である。一方で、一九〇一年のような大衆的高揚をさして、「スチヒーヤ性は意識性の萌芽形態である」と書くときは、一定の積極的な評価があるが、他方で、「スチヒーヤ的労働運動」はトレード・ユニオニズム

（労働組合主義）にすぎず、「スチヒーヤ性」と闘わなければならない、というときは、まったく否定的な評価である。そして基調としては、後者の方が論旨においてはウェイトをもっている。

レーニンは、労働者階級が「自分の力だけでは」トレード・ユニオニズム的意識しかつくれず、資本賃労働関係そのものの揚棄を目ざす社会民主主義的意識は「外から」のみもたらされると主張するが、この「外から」というのは「経済闘争の外から、労働者と雇主の関係の圏外から」の意味である。プロレタリアートは失うべき何ものももたない存在であるが故に、ラジカルに革命的だとされてきた。だが現実の労働者は自己の利害の枠にとらわれるかぎり、資本主義社会の不可欠の一員たる域を脱することはできない。レーニンは、労働者が階級意識をもつために必要なことは、自分以外の階級に目を向けることだとしたのである。

ここには、現代社会における労働者の保守化の問題が鋭くとらえられている。それと同時に、人は不断に、意識的に自己自身を超える努力を系統的に積み重ねなければならないとする「レーニフツィン」レーニンの人間観も現われている。

労働者がそのような努力をすすめるのを助けるのが「護民官」としての党であった。レーニンは、七〇年代の革命的ナロードニキにならって、職業革命家の中央集権的陰謀組織を早急につくり上げることを主張した。この主張は、けっして固定的、原理的認識ではなく、ロシアの現実に見合っている状況的認識であった。したがって、それは変わるのである。

切取地綱領

一九〇三年七月一七日、ベルギーのブリュッセルで、社会民主党第二回党大会がひらかれた。これは事実上の結党大会であり、党綱領をはじめて採択したが、同時に規約案をめぐってボリシェヴィキとメンシェヴィキという党内二大分派の発生した大会でもあった。この分裂は深刻であったが、ロシア革命の政治からみれば、一九〇一年末に結党したエスエル党（社会主義者＝革命家党）との対立の方がより重大であった。

採択された社会民主党綱領では、農業綱領として、農奴解放のさい旧領主が農民分与地から切り取った「切取地」の返還だけを要求していた。エスエル党は、「土地の社会化」、つまりすべての土地私有をなくし、均等＝勤労原理に基づく全人民の財産とすることを要求していた。農民は、一九〇二年六月、ポルタヴァ、ハリコフの両県で、農奴解放のとき以来の沈黙をやぶる激しい反地主闘争に立ち上がっていた。農民の理想は「土地総割替」であった。社会民主党の綱領は、その農民の志向から遠かった。レーニンは『貧農に訴える』という農民向けのパンフレットを書いたが、それは、農民が自己解放のために何をしなければならないかを訴えるものではなく、都市から来た社会民主主義者を助けるために何をしなければならないかを農民に訴えるものでしかなかった。当然にこのパンフレットは、農民運動の側から考えようとし、農民社会主義を追求していたエスエルの批判をあびた。

第一次ロシア革命

一九〇五年一月九日、司祭ガポンにひきいられた数万のペテルブルクの労働者とその家族は、ガポン組合の支部ごとに集まり、皇帝の座所、冬宮目ざして、請願行進を開始した。人々は、ツァーリにプラウダ(正義、真実)をもとめて行き、それがえられなければ死ぬ以外にないと決意していた。この民衆には軍隊の威嚇も効果がなかった。各所で、前進する民衆に銃撃が加えられ、多数の人々が殺された。

この「血の日曜日」事件は、ロシア革命の幕を上げたものであったが、エスエル党も社会民主党もこの民衆のうねりの縁《へり》のところにいたにすぎない。ニュースは、翌日には、スイスのレーニンにも伝わった。レーニンは、首都労働者の「革命的本能」を感じとり、熱狂した。それは、まぎれもなく「スチヒーヤ」に脱帽することにほかならなかった。国外にやってきたガポンに対しても、レーニンは生きた革命の息吹きを伝える人として遇し、このウクライナの農民の子ガポンに勉強することを真剣になってすすめるのであった。

こののち、レーニンは武装蜂起の準備をすすめることが必要だとして、党大会の開催を決意した。四月一二日、基本的にはボリシェヴィキ派だけで、党大会をひらき、これを第三回党大会と宣言した。武装蜂起の準備とならんで、この大会に向けて重要な論題となったのは、臨時革命政府の問題であった。メンシェヴィキは、すでに、ブルジョワ民主主義革命の段階で臨時革命政府に参加すべきでないとの主張を打ち出していた。「プロレタリアートと農民の革命的民主主義的独裁」という名高い主張からすれば、レーニンは社会民主党が臨時革命政府をつくることを主張したかのような印象があるが、そうではない。彼は、一定の条件のもとで社会民主党代表の政府参加は「許される」と主張したのである。レーニンの真意は、パルヴス、トロツキーの見解、社会民主党が臨時政府をつくるべきだという主張に反対したときに明瞭に示された。彼は、農民がロシアの人民の多数者をなすことを重視し、たとえどれほどの批判があるにしても、農民を代弁する党であるエスエル党が臨時革命政府の中心に立つことを自明のこととしていたのである。このときの彼は自党による権力奪取の考えとは無縁であった。

革命は、五月の日本海海戦におけるバルト海艦隊全滅ののち、さらにすすみ、六月の黒海艦隊の戦艦「ポチョムキン公爵」号の反乱にいたった。革命闘争は秋になって高揚し、一〇月の全国政治ゼネストに発展した。ついに、一〇月一七日、ニコライ二世は、政治的自由を与え、国会開設を約束する一〇月詔書を発した。

そこでレーニンは、一一月はじめジュネーヴを出発して、ロシアへ向かった。五年ぶりの帰国であった。一一月八日、彼はペテルブルクのフィンランド停車場についた。このころ、首都でも、モスクワでも、労働者ソヴィエトが生まれ、活動していた。レーニンは、ジュネーヴ出発の直前、「われわれの任務と労働者ソヴィエト」を書いた。それは、ボリシェヴィキの中に「党か、ソヴィエトか」と対置して、超党派機関をきらう傾向があることを誤りとして、ソヴィエトを「臨時革命政府の萌芽」と積極的に評価するものであった。ペテルブルクへ来て、レーニンは、ソヴィエトの会議に出席し、発言もした。そのうちに彼はソヴィエトの限界を感じるようになった。

おなじとき、レーニンは党の再組織を主張し、党にもっと労働者大衆を引き入れるための改革を主張した。民主集中制が打ち出されたのはこのときである。さらに、レーニンは、「切取地」綱領の狭さを認めて、農業綱領の改訂を主張した。彼が提案したのは「土地国有化」綱領である。

革命は、一二月のモスクワ蜂起の敗北で下降線をたどっていた。その中で、一九〇六年四月、社会民主党統一大会がひらかれた。この大会で党改革はなったが、農業綱領については、レーニンの国有化案は採択されず、妥協によるあいまいな綱領が採択されたにとどまった。

この年夏には、第一国会が解散されたのに抗議して、バルト海艦隊の拠点で反乱がおこり、首都の労働者はストに入ったが、それ以上には展開しなかった。首相ストルイピンは共同体をこわす土地改革を打ち出し、事態を打開する積極策に出てきた。

二度目の亡命生活

一九〇七年春、ロンドンで党大会（第五回）がひらかれ、レーニンはこれに出席したが、その直後、いわゆるストルイピンの「六月三日クーデター」、第二国会解散と新選挙法の公布がおこなわれた。革命派はこんどはほとんどなんの抵抗もできなかった。レーニンにも警察の追及がせまり、この年一一月半ばすぎにフィンランドのクオッカラを去り、ストックホルムへ脱出した。反動の時代が到来し、レーニンにとって苦しい二度目の亡命生活がはじまった。

勝利した反革命の攻勢の前に、統一党は解体し、メンシェヴィキもボリシェヴィキもそれぞれ分解した。ボリシェヴィキの幹部たちは、運動から足を洗ったもの、左の「フペリョート」派、右のボリシェヴィキ調停派、そしてレーニン派の四つに分解したのである。レーニンは、変わらぬ片腕のクルプスカヤの他には、わずかにカーメネフとジノーヴィエフをつなぎとめた程度であった。『第一次ロシア革命における社会民主党の農業綱領』（一九〇八年）と『唯物論と経験批判論』（一九〇九年）がこの時期の彼の代表作であるが、後者は、ボグダーノフら「フペリョート」派の哲学の批判を目ざしたものである。

この反動期をレーニンは、ジュネーヴとパリですごした。パリ時代の一九一〇年秋、イネッサ・アルマンドという女性党員がレーニンの組織に入り、次第にレーニンの忠実な協力者となっていった。レーニンは、一九一一年春には、パリ近郊のロンジュモに党学校をひらき、国内から有望な労働者ボリシェヴィキを集めた。その後、ここの生徒の一人であったオルジョニキーゼに指示を与えて国内に派遣し、国内諸組織の説得にあたらせた。

彼の工作は実って、レーニン派とメンシェヴィキ党維持派によるプラハ党協議会は一九一二年一月にひらかれた。この協議会は、ロシア社会民主党の再建を決め、役員を選出した。旧党の再建という形はとったが、実質的には新党結成にほかならない。

この直後、四月、シベリアのレナ金鉱での労働者虐殺に抗議して、全国の労働者が立ち上がり、新たな高揚の時期の開始を告げた。レーニンの新党はこの波に乗り、急速に拡大をとげる。レーニン自身も、六月にはペテルブルクから新聞が三日おくれで届くオーストリア領ポーランドのクラクフへ移り、そこから運動を指導するようになった。大戦前夜、レーニンの党は、六人の国会議員、部数四万の日刊合法新聞をもち、首都の労働運動の主導権をにぎるにいたっていた。

レーニンの生活面でも変化があった。一時ロシアへもどっていたイネッサが一三年秋にクラクフへ来て、しばらく滞在した上で、年末にスイスへ去ったが、このシちレーニンはイネッサに出す手紙の中で特別な親密さを表わす二人称（Tbl）を使いはじめたのである。これは正確に一九一四年七月、世界大戦の開始までつづいた。

三　戦争から革命へ

世界戦争の中で

世界戦争がおこったとき、レーニンはクラクフの近くの別荘地ポロニンにいた。そこはオーストリア＝ハンガリー帝国の領土であった。彼はブリュッセルで開かれるロシア社会民主党各派代表会議への対策に気をとられ、オーストリアの帝位継承者フェルディナンドの暗殺から世界戦争がしのびよっていることに気づかなかった。だから開戦の衝撃は圧倒的であったのだが、その上にレーニンはオーストリアの官憲に逮捕されるという深刻な事態に陥った。オーストリア社会民主党の大立者ヴィクトル・アドラーの介入で、ようやく逮捕一〇日目に釈放になり、クラクフをへて、中立国スイスへ逃れることができたのである。

開戦がレーニンに大きな衝撃を与えたのは、このような世界戦争がおこることを彼が予想していなかったためである。戦争がどうしておこったのかを解き明かす理論も彼にはなかった。日本人社会主義者幸徳秋水、イギリス人経済学者ホブソン、ドイツ社会民主党の理論家カウツキーらがすでに世紀のはじめから「帝国主義」について論じていた。だが、レーニンは彼らの議論を検討もしてこなかったのである。世界戦争の規模と性格は圧倒的であった。世界戦争は「総力戦」と呼ばれた。前線で兵士が戦うだけでなく、後方、銃後での国民の結束した努力が戦争において決定的な役割を演じるようになった。国家の政治力、経済力、軍事力、文化統合力がおそるべきテストにかけられていると言ってもいいのである。

レーニンをまず驚かしたのは各国の社会主義者が一斉に戦争協力に動いたことだった。彼は戦争に絶対的に協力してはならないという態度をとり、ツァーリ政府の敗北は「最小の悪」だと主張した。

しかし、このような途方もない戦争がおこったことに衝撃をうけたレーニンは自分の認識能力の低さを痛感し、八月、チューリヒに落ち着くと、翌月から図書館にこもって、ヘーゲル『大論理学』をノートに抜き書きして、読み始めたのだった。このノートがのちの「哲学ノート」になる。

レーニンは次第にこの世界戦争から人類を救い出すには、世界社会主義革命を実現する道しかないと考えるようになり、ロシア革命がその先頭にたつべきだとの構想をいだくようになった。この構想は一九一五年秋に発表された「若干のテーゼ」に展開された。私が「一九一五年テーゼ」と名付けて、重視している資料である。彼はロシアの革命は民主主義革命だとしているが、この革命を突破口にしてヨーロッパ社会主義革命に火をつけることを正面に掲げた。そして戦争を支持した革命派とは臨時革命政府をともにしないとして、プロレタリアートの党、つまりボリシェヴィキの党が権力の座につくことがありうると書いた。来るべき革命で自覚が権力をとる意思をはじめて明らかにしたのである。

自らが国家権力をにぎれば、植民地の解放、被圧迫諸民族の解放を条件とする講和を提案する。列強はこの条件を受け入れないから、ロシア革命政府は革命戦争を開始する。ロシアとアジアのすべての被圧迫民族を立ち上がらせ、ヨーロッパのプロレタリアートを立ち上がらせる。このような戦略を明らかにしたのである。ここにレーニンの革命論は決定的に変化したとみることができる。

この戦略の土台をかためるために、レーニンは帝国主義の研究をはじめた。これが完成して、「資本主義の最高の段階としての帝国主義」という原稿となったのは、一九一六年初夏のことである。ペトログラードの合法出版社のもとめに応じて、まとめられたのだが、現実に出版されたのは一九一七年革命がはじまったあとであった。レーニン帝国主義論の核心的な主張は、帝国主義は政策ではない、資本主義の最高の、最後の段階だというものである。資本主義は一九世紀末から二〇世紀はじめに独占資本主義、金融資本、帝国主義の段階に入った。これが資本主義の最高の段階で、寄生性と停滞・腐朽が特徴をなしている。その意味で死滅しつつある資本主義なのだ。そして列強は金融資本の利害に基づいて一九世紀と二〇世紀の境までに世界の分割を完了した。しかし、それでも安定も均衡も現われない。分割された世界を再分割するためにおこったのが目下の世界戦争である。レーニンはこのような戦争を止め、なくすには、それを生み出した世界資本主義、帝国主義を粉砕しなければならないと考えを進めた。こうして世界戦争に世界革命が対置されたのである。世界戦争をなくすには、資本主義世界を終わらせる世界社会主義革命を実現しなければならない。

レーニンは、この世界革命は先進国ではじまるというふうには進行しないと考えるようになった。それで彼は、つづいて書いた「マルクス主義の戯画と『帝国主義的経済主義』とについて」という党内の若手理論家ピャタコフ（キエフスキー）批判の論文で「社会革命は先進国におけるプロレタリアートの内戦と被圧迫民族における民族解放運動をふくめた実に多くの民主主義的、革命的な運動とを結合した一時代という形でしかおこらない」という一時代としての世界社会主義革命論を提起した。当然ながら革命は不均等にしか進展しない。そのときには社会主義革命でうまれた政府は被圧迫民族の独立分離の要求に対処しなければならなくなると言い、レーニンはロシアの革命政府がウクライナの独立要求に直面する場面をも想定している。そうなれば、独立分離の自由を原則的にみとめつつ、社会主義革命のために諸民族の「民主的な接近と融合」を実現すると述べている。一緒に進もう、分離するなと説得することがいかに難しいか、レーニンにももちろんわかっていなかったのである。

レーニンとしては、世界革命の口火を切るのはロシアであるとの考えをもちつづけた。ロシアでは期待されているのは、専制打倒、土地を農民への革命であったから、そこにはのりこえられない落差があった。だが、レーニンは世界戦争の中でおこった資本主義の変化に希望を見出し始めた。党内の若手理論家で、レーニンより一八歳若いブハーリンは、ドイツの戦時統制経済を研究して、ドイツの論者がこれを「戦争社会主義」と呼ぶのを批判して、社会主義は、国家ではなく社会が指導し、規制する生産だと書いていた。レーニンは当初はブハーリンの主張を重視していなかったが、一九一六年末―一七年はじめになって、次のように主張し始めた。戦時中に資本主義は国家資本主義に前進した。「五千万人以上の人間の全経済生活を一つの中心から規制する」というような事態は社会主義への移行が成熟していることを示している。レーニンはブハーリンと正反対の立場をとった。社会主義に進む条件のないロシアも、この戦時経済の経験を採用すれば、社会主義へすすめるのではないかと考えはじめたのである。

二月革命

ロシアでは、革命的な危機が一九一六年秋からはじまっていた。中央アジアのイスラム教徒は国防事業への徴用令に抗議して、すでに初夏から反乱をはじめていたが、秋には戦争の苦しみにおしつぶされた兵士たちが塹壕を出て攻撃せよとの命令に抗議して、公然たる抵抗をはじめたのである。一一月の再開国会でカデット党の党首ミリュコーフが皇后の裏切りを示唆する演説を公然とおこない、一二月には皇帝と皇后の助言者ラスプーチンが皇族と大貴族によって殺害された。にもかかわらず、この危機の様相がレーニンには伝わらなかったのは奇妙である。それでも一九一七年一月の「血の日曜日」事件一二周年記念日に講演したレーニンは、「こんにちのヨーロッパの墓場のような静けさにだまされてはならない」と言い切っていた。

それから五〇日後、二月二七日（三月一二日）、「パンをよこせ」の要求で始まったペトログラードの労働者の闘いが五日目にして、ついに兵士の反乱をよびおこし、首都の政府権力を倒壊させたのである。ロシア大革命がはじまったのだ。生まれた労働者・兵士代表ソヴィエトの承認のもとに、三月二日（一五日）国会臨時委員会が臨時政府をつくり出した。反乱は既に皇后、皇太子の座所や第二の首都モスクワ、バルト海艦隊にひろがっており、その日のうちに、皇帝とともにあった大本営の軍首脳もこの革命をみとめ、ニコライ二世も退位をうけいれた。

この日、チューリヒのレーニンが昼食をすませて、図書館にもどろうとしているところに、ポーランド人亡命者ブロンスキーがロシア革命勃発の知らせをもってきた。そこで、レーニンとクルプスカヤは湖の岸の掲示板に新聞を見に行った。新聞の紙面にはまさにロシアの首都で革命が勝利したとの記事が報じられていた。狂喜したレーニンはイネッサ・アルマンドに手紙を書いて、「ドイツ人は嘘をつかないのだから、プラウダなのだ」と言っている。レーニンが咄嗟にかんがえたことは、一刻もはやく帰国することであった。

まさにロシアの民衆はスチヒーヤの力で革命をおこし、一挙に専制を倒し、勝利した。レーニンは彼の考える社会主義革命を目ざす意識性をこの民衆の巨大な力にあたえなければとあせったのである。

帰国するためには、戦時下にロシアの敵国ドイツの領土を通り抜けなければならない。亡命者たちは悩み、逡巡した。しかし、ここでロシアの混乱を増すために過激派の力の強まるのを望むドイツ軍部の意向が働いて、封印列車でドイツ領内を横切って、スウェーデンに出るという旅が用意された。レーニンはその機会を利用するのを逃さなかった。

一九一七年四月三日（一六日）、レーニンはクルプスカヤ、ジノーヴィエフ夫妻とともに、革命の首都ペトログラード、フィンランド駅に到着した。

全権力をソヴィエトへ

レーニンは帰国を待つ間、達成された二月革命の成果を踏み台にして、急進的な路線をとり、反帝国主義、反資本主義の革命に進むことを本国の同志に訴え始めていた。この一連の「遠方からの手紙」は、ロシアで発刊されはじめた党機関紙『プラウダ』に送られたが、部分的にしか掲載されなかった。だから、レーニンの意見は彼の帰国の第一声ではじめてロシア国内に知らされたと言っていい。帰国翌日、レーニンはボリシェヴィキ党員の集会で彼の「四月テーゼ」を発表した。臨時政府を信任せず、ソヴィエトで多数派になり、全権力をソヴィエトに移すように努力していくことによって、プロレタリアートと極貧農の権力の確立を目ざすという方針は、カーメネフ、スターリンをはじめ、出席したすべての党員に衝撃をあたえた。この席でレーニンを支持したのはノルウェイから一足先に帰っていたコロンタイ一人であった。しかし、レーニンは一歩も引かなかった。彼は「昨日の理論」から去って「生きた現実」をみるように党員たちを説得した。この説得によって、まず労働者党員の中に支持が拡大し、四月下旬の全国協議会では、レーニンの路線は、全党の方針として承認されるにいたった。

このことが現実化したのは、臨時政府の戦争継続の方針に対して民衆の不満が早くから高まったためであった。四月二三日（五月六日）には「決定的勝利まで戦争を遂行する」と言ったミリューコーフ外相を打倒せよ、侵略反対を叫ぶ二万余の兵士のデモがあり、外相が辞任する事態がおこっていた。六月にはケレンスキー陸相が前線の軍に攻勢を命令したのに、兵士が不満を高めた。ついに七月には「権力をソヴィエトへ」とのスローガンを掲げた五万の兵士、三〇万の労働者のデモが首都の街頭で政府側の軍隊と衝突する七月事件がおこった。レーニンはこの事件に加担したわけではなかったが、背後の使嗾《しそう》者とされ、指名手配され、世界でもっとも自由な地、革命ロシアで地下に潜行しなければならなくなった。

フィンランドのラズリフに身をひそめたレーニンは以後ロシア革命を現場で指導することはできなくなり、執筆活動に専念することになった。彼が古いノートをとりよせて書いたのが『国家と革命』である。この著作でレーニンは、プロレタリア革命の国家、プロレタリア国家はコミューン国家であり、眠り込み、死滅していく国家であると主張した。革命の過程で、レーニンは自分たちが現代のジャコバン派であると主張してきたが、自分たちがつくり出す革命国家はジャコバンのテロル独裁とはまったく別のものであるとのユートピアを描きだしたのである。

しかし、現実的な革命家レーニンは『国家と革命』を書き上げるのと同時に、権力をにぎった革命的民主主義国家はドイツの国家独占資本主義を採用すれば、ロシアでも社会主義に踏み出すことができるとの構想をますますかため、九月半ばまでに、論文「さしせまる破局、それとどう闘うか」を書き上げた。ブハーリンが「みずからのねばりつく貪欲な手で社会の生きた身体をつかむ鉄の組織体」、「怪物」と呼んだドイツの戦時国家はコミューン国家の反対物であろう。レーニンは革命的民主主義国家がその「怪物」的体制、国家独占資本主義を実現すれば、ロシアも社会主義へ近づけると考えたのである。

ところで、臨時政府は戦争をやめることができなかった。各地の労働者・兵士のソヴィエトは平和を求めて臨時政府と衝突し、ソヴィエト権力樹立を決議していく。ブルジョワジーや市民の中でも戦争をやめるべきだという声がたかまり、臨時政府の陸軍大臣ヴェルホフスキーすらも戦争からの離脱を主張して、それが通らないならとして、辞任するにいたった。他方で国内では農民革命、民族革命が動き出し、臨時政府と衝突していく。農民は地主の所領を攻撃し、地主を村から追い出し、地主の土地を共同体で占拠し、分割しはじめていた。帝国内の諸民族はウクライナ・ラーダ（会議）を先頭に、自治や独立を主張し始めていた。レーニンのボリシェヴィキ党は農民革命も民族革命も無条件で支持した。レーニンはとくに農民の支持を得ていたエスエル党の綱領的要求を支持して、農民がただちにこの要求を実現するのを承認した。これは農民の支持をエスエル党から奪う意図から出た措置であった。

臨時政府は完全に危機状態に陥った。あたらしい革命が必然的に近づいていた。

十月革命

秋にボリシェヴィキが左派エスエルとともにペトログラード、モスクワのソヴィエトで多数派となると、レーニンは臨時政府を倒す武装蜂起を強く主張しはじめた。九月一四日（西暦二七日、以下カッコ内は西暦の日付）に党中央委員会に送られた最初の手紙は、「ボリシェヴィキは権力をとらなければならない」と題されている。以後彼は矢継ぎ早に、圧力をかけつづけた。一〇月七日（二〇日）には都内に潜入し、三日後には中央委員会にも出席した。しかし、臨時政府の打倒は、ペトログラード・ソヴィエトの議長トロツキーのもとで、首都を反革命から防衛するために、首都の各軍部隊にソヴィエト軍事革命委員会の指揮下に入るよう要請することではじめられていた。臨時政府はこの挑戦に抗しえず、首都の全軍はソヴィエトに、その軍事革命委員会に従うことになった。

一〇月二四日（一一月六日）深夜、レーニンが隠れ家を出て、革命本部のあるスモーリヌイ女子学院に到着した時には、すでに勝負はついていた。臨時政府はすでに冬宮に孤立し、たてこもっていた。翌朝レーニンは依頼をうけて、軍事革命員会の最初の宣言を起草し、「臨時政府は打倒された」として、軍事革命委員会が権力をにぎったと知らせ、革命の目標として、講和の即時提議、地主の土地所有廃止、労働者統制、ソヴィエト政府樹立をあげた。これは誰にも相談しないレーニンの私的宣言であった。のちに冬宮の臨時政府が降伏した後、一〇月二五日（一一月七日）午後一一時から開かれた第二回全ロシア・ソヴィエト大会は同じくレーニンが起草した四つの基本的文書を採択したが、先の軍事革命委員会宣言とは異なった文書となった。こちらが十月革命の正式文書である。

まず「労働者、兵士、農民諸君へ」は、革命の目標として、即時民主的講和と即時停戦、土地を農民委員会へ、軍隊民主化、労働者統制、憲法制定会議の招集、都市と農村に必需品供給、民族自決権を約束した。とくに軍隊民主化と憲法制定会議招集の二つの目標が掲げられているのはレーニンの構想にはなかったものである。さらにソヴィエト大会はレーニンが起草した「平和にかんする布告」を採択し、ついで同じくレーニンが起草した「土地にかんする布告」を採択した。このことは、十月革命の目標は二月革命の継承、完成であることを示し、一九一七年革命が完成されたものであることを明らかにしている。同時に、憲法制定会議が招集されるまでの臨時労農政府として、レーニン首班のボリシェヴィキ単独政権、人民委員会議が提案され、大会の承認をうけたことは、あたらしい要素であり、革命は一九一七年革命を身体半分のりこえたと言っていい。

だが、十月革命はただちに壁にぶつかった。民主的講和は連合国に拒絶され、ドイツだけが停戦交渉に応じてきた。一二月二日レーニン政府は、ドイツ、オーストリアの同盟側とのみ休戦協定を結ぶことになった。

農民革命と労働者統制の運動は進展した。もっともはっきりと実現されたのは、憲法制定会議選挙と軍隊民主化である。憲法制定会議選挙は一一月一二日（二五日）からはじまり、一一月二八日（一二月一一日）には終わらず、一二月五日（一八日）までかかった。結果はエスエル党が得票率四〇%で、第一党になり、ボリシェヴィキ党は二四%で、第二党にとどまった。

軍隊民主化は完璧に実現された。一一月二〇日に大本営の軍事革命委員会が軍隊民主化法案を決定し、全軍に打電した。一二月一六日（二九日）、人民委員会議は二つの法令を決定した。

第一が全軍人の権利の平等化についての法令であり、第二が「軍隊における選挙制と権力の組織についての法令」である。これによってロシア軍は、将軍から一兵卒にいたるまで、一切の階級の別がなく、すべての将校、部隊の指揮官が構成員の投票によって決定される、完全に民主化された軍隊となったのである。これは世界戦争の中にとらえられたロシアの兵士大衆の夢を実現したことであるが、同時にこのことは旧軍隊の解体をはたすことでもあった。旧軍隊は復員措置と大量の脱走によって量的にも縮小した。そして旧軍隊の解体は革命的兵士集団の解体をも導いたのである。兵士革命の勝利は革命的兵士集団の消失に帰結したと言わなければならない。

四　社会主義的内戦の道

憲法制定会議の解散――社会主義革命への跳躍

一九一八年一月五日ペトログラードのタヴリーダ宮殿で憲法制定会議が開会された。レーニンは政府席に座ったが、彼の顔は「かってないほど青ざめていた」とボンチ＝ブルエーヴィチは回想している。議長には第一党エスエル党の党首チェルノフが選ばれた。憲法制定会議はまずチェルノフ提案の「土地基本法大綱」を早急に可決した。これが憲法制定会議の唯一の成果となった。ボリシェヴィキ党議員はソヴィエト中央執行委員会が決定した「勤労被搾取人民の権利の宣言」の採択をもとめ、これが拒否されると、議員たちは夜一一時過ぎに退場した。

レーニンの提案により、中央執行委員会はこの夜憲法制定会議を解散させる布告を採択した。そして一月一〇日、第三回全ロシア労兵ソヴィエト大会が開会し、「勤労被搾取人民の権利の宣言」を可決した。これによって「ロシアは労働者兵士農民代表ソヴィエト共和国である」、この共和国は「社会主義的社会組織を確立し、すべての国に社会主義を勝利させることを自らの基本課題とする」と宣言した。こうしてロシアは社会主義革命に進んだのである。

世界戦争を内戦に転化せよ

レーニンは一九一五年に「現在の帝国主義戦争を内戦に転化させせよ、ということは唯一正しいプロレタリア的スローガンである」と述べたことがあったが、いまやそのスローガンがロシア革命の運命にかかわる第一のスローガンとなった。レーニンのはじめた社会主義革命は内戦の開始であったのである。内戦の相手は憲法制定会議を支持する勢力であった。エスエル、メンシェヴィキらもそこに加わり、軍事力としてはチェコ軍団が加担した。レーニン政府は内戦を戦うために、労農赤軍創設の布告を一月一五日にだすことになった。現実には、停戦協定をやぶって、ドイツ軍がすでに侵攻してきた。レーニン政府は、二月二一日、「社会主義の祖国は危機に瀕している」という布告を発して、ドイツ軍との戦争に決起するようよびかけた。しかし、ドイツ軍の攻勢をはねかえすのは難しく、三月三日には侵略的で過酷なブレスト講和をドイツと結ばなければならなかった。五月には赤軍のために徴兵の措置がとられた。軍隊民主化はあっという間に夢と消えてしまった。

その五月になると、農民革命を自立的に進めて、地主の土地を奪い、分割した農民は都市に穀物を出さなくなった。ウクライナはドイツ軍に占領されている。レーニン政府は食糧独裁を宣言して、都市から労働者軍を農村におくりこみ、穀物を徴発しなければならなくなった。レーニンは穀物を出さない農民を「穀物を私蔵している農民ブルジョワジー」と呼んで、彼らに対して「仮借ないテロル闘争と戦争をおこなう」ことを主張した。特に八月のペンザに派遣された部隊へのテロル強化の指令は異常なほどに峻烈であった。

その間に一時連立政権を組んだ左派エスエルが農民との戦争に反発して、ドイツ軍との戦争に活路を見出そうと、ドイツ大使を暗殺して、政府に反旗をひるがえすという事態がおこった。レーニンの危機意識は極度に高まり、この造反勢力に対する徹底した攻撃を加えよとの指令をヴォルガ河方面に出動しているスターリンに送っている。スターリンの誓いは有名である。

ついにはテロルがレーニンに加えられる。八月三〇日、ペトログラードのチェカー議長ウリツキーが殺害され、その夜にモスクワでレーニンがエスエル女性カプランに射たれ、深刻な傷をうける。この夜のうちにソヴィエト中央執行委員会議長スヴェルドロフは「すべての革命の敵に対する無慈悲な大量テロルをもって応える」と宣言する。六日後、人民委員会議は「赤色テロル」を宣言した。逮捕されていた帝政派の政治家、軍人五一三人がただちに処刑された。前年一二月に設置されたチェカーが赤色テロルを本格的に推進するようになった。

内戦には東からコルチャク提督の軍、南からはデニキン将軍の軍が登場して、レーニン政府の赤軍をくるしめた。その背後には、フランス、イギリス、アメリカ、日本の干渉軍も攻め込んだ。まさに国内で戦争が全面化したのである。

この内戦をレーニンは戦い抜いた。この内戦の過程で、ボリシェヴィキ党は一九一八年三月ロシア共産党（ボ）と改称し、ソヴィエト体制の中で一党独裁を目ざすことを決定した。そして内戦を進める党がつくり出した戦争体制は「戦争共産主義」とよばれるようになった。帝国主義戦争を内戦に転化させると、その中で戦争共産主義体制が生まれるというのである。

さらにレーニンは国内戦争を世界戦争、世界革命に転化するための装置をつくった。一九一九年三月、コミンテルン、共産主義インタナショナルの創立大会を開催したのである。ロシア共産党が中核となって、各国に共産党をつくり出し、それをコミンテルンの支部として、包括指揮する。これは世界単一共産党をつくり、ロシア共産党を世界共産党の中央本部とする企てであった。

内戦の終わりと農民との和解

内戦はきびしい戦いであったが、レーニン政権、共産党政権は勝利した。一九二一年、外からの敵も、内からの敵も打ち破られ、国内戦争は終わった。最後の戦いは、農民革命の中心地、タムボフの農民戦争との死闘であった。レーニンはアントノフ＝オフセエンコとトゥハチェフスキーを送り込み、もっとも残酷な平定戦争をおこない、鎮圧した。しかし、レーニンはこの戦争から学び、農民大衆の存在をみとめ、これと共存することに同意した。都市の社会主義的工業が農村の小農経営の海に浮かぶ島となることを受け入れることにしたのである。社会主義革命を軍事的手法ですすめる路線は中止され、ネップのロシアの中で農民を協同組合員化するスロー・テンポの政治的努力に期待をかけることになった。

だが、それだけにレーニンは共産党の規律をたかめ、一切の分派を禁止した。さらに国内に残る反対勢力、非ボリシェヴィキ知識人たちや正教会に対して厳しい抑圧をくわえた。

司法人民委員クルスキーへは裁判を通じて敵に対するテロルをすすめることを指示している。レーニンは味方と味方にすべき人々には説得の方法で対するが、敵であった人々、潜在的に敵である人々には徹底的な抑圧をくわえる、テロルも辞さないという考えであった。

レーニンは軍事的社会主義革命路線をまっしぐらにすすめてきたが、ここにタムボフの農民戦争とぶつかって、別の道を選ぼうとした。しかし、汽車は敷かれたレールの上を走るほかない。レーニンは悩みを深めていったと考えられる。

レーニン最後の仕事

一九二一年の末からレーニンの健康状態は悪化していた。医者は、彼の頭痛が一八年の狙撃のさい受けたピストルの弾のせいだと考えて、二二年の四月二日、一発の摘出手術をおこなったが、五月二五日、脳の硬化症に基づく発作がおこり、右手、右足が麻痺し、言語障害が現われた。これは回復し、七月には読書を許されるようになり、一〇月二日には仕事に復帰した。しかし一二月一三日、第二の発作がはじまり、一五日夜にいたって彼は正式に引退を決意することをよぎなくされたのである。

レーニンの第一回目の発作がおこる直前、スターリンは党書記長のポストについていた。レーニンが公務に復帰する過程で、連邦の結成をめぐって、レーニンとスターリンの間に意見の対立が発生した。それはロシア社会主義連邦ソヴィエト共和国と他のソヴィエト共和国との関係をどうするかという問題をめぐる対立である。スターリンは、諸共和国を自治共和国としてロシア共和国に吸収するという「自治共和国化」案を推進した。この案に最も強く反対したのが、グルジヤの党組織であった。当時党のザカフカース地方委員会の長であったオルジョニキーゼはムジヴァニを中心とするグルジヤの党の抵抗を押し潰すため、圧力を加えた。九月にひらかれた中央の委員会では、グルジヤ代表が棄権しただけで、スターリン案が通った。しかし、ウクライナの代表なども本心は反対であった。

レーニンは、この九月の委員会の様子を知ると、スターリンと話し合い、彼の譲歩を取り付けた上で、ロシア共和国もふくめ、諸共和国が対等な立場で同盟をつくるという「ソ同盟」案を提案する手紙をカーメネフに送った。レーニンが提案した国名は「ヨーロッパ＝アジア・ソヴィエト共和国連合」であった。スターリンはレーニンを「民族自由主義」だと批判して、レーニン案の細部に反対する手紙を出したが、思い直して、素知らぬ顔で、レーニン案に立つ新しい案を、自分たちの名前で、一〇月六日の中央委員会へ送った。国名はソヴィエト社会主義共和国同盟に変えられた。これが採択され、一九二二年一二月ソ連邦は成立した。国名にかんするレーニンの希望はスターリンに退けられたのである。

五　悩める統治者

グルジヤ事件

だが、グルジヤでは対立がつづいていた。一〇月二一日、問題は解決していたと考えていたレーニンは、オルジョニキーゼの非を訴えるグルジヤ党幹部の手紙に、問題があるなら、党書記局、スターリンが解決してくれるだろうという素気ない返事を出した。グルジヤでは中央委員会が総辞職し、なお深まる対立の中で、オルジョニキーゼがムジヴァニ派の一人を殴打するという事件がおこった。一二月にジェルジンスキー委員会が派遣され、基本的にはオルジョニキーゼが正しいとの結論をもって帰ったが、レーニンは殴打事件のことをきくに及んで、自分の判断がまったく誤っていたことに気づいたのである。

この他に、二二年の年末には、外国貿易の独占の緩和をソコリニコフ、ブハーリン、スターリンらがすすめて、独占維持を主張するレーニンと対立した。レーニンは、トロツキーを味方につけ、一二月一五日、トロツキーとの連帯をスターリンらに通告した。一八日の中央委員会では、レーニンの提案をうけ入れて、独占緩和の決定は取り消された。スターリンは明らかにいら立っており、クルプスカヤがトロツキーあてのレーニンの手紙を口述筆記したことを知ると、彼女を罵倒し、脅迫した。

遺言

このような状況の後に、引退をよぎなくされたレーニンは、二三日よりまず「遺言」とよばれている「大会への手紙」を書き取らせ、さらにその後にも、断続的に一連の遺言的文章を書き取らせたのである。このうち新聞に発表された論文以外は、みな封印された封筒にしまわれた。

これらの文章の中では、人事問題、民族問題、農民問題が論じられている。人事問題では、スターリンを書記長のポストから解任せよ、と述べているが、誰を後任として念頭においているかはまったくうかがいえない。政治局の重要メンバー六人の特徴づけからは、レーニンが安んじて後事を託せる人は一人もいないことしか浮かび上がってこないのである。その意味では、これはまことに悲劇的な文章である。

民族問題についてのレーニンの発言は、事柄の底知れぬ深さに目を向けている。それは、まさにヴォルガ体験に発しており、チェルヌイシェフスキー的な「棒の逆曲げ」理論が適用されている。これに比して、農民問題については、ブルジョワ的文化水準の達成が強調されるばかりで、農民の魂をゆり動かすような問題提起がない。レーニンにとって農民は最後まで外なるものであったようである。

となれば、レーニンの意識的生活の最後の日々の関心が、グルジヤ事件に絞られていったのは自然なことであった。彼は、ジェルジンスキー委員会の報告に不満で、秘書たちからなる私的な調査委員会をつくり、指示を与えて、調査させた。結果は、一九二三年三月三日に報告された。二日後、レーニンは、トロツキーにこの件での代弁をたのみ込む手紙を送った。トロツキーにスターリン攻撃をやらせようとしたのである。だが、翌六日、レーニンは、トロツキーの承諾の返事をきいたあとで、スターリンに対して、クルプスカヤへの暴言を非難し、絶縁か謝罪かの二者択一を求める手紙を書かせた。他方ムジヴァニらに連帯の行動を約束する手紙を出したのである。レーニンは彼の時間が尽きんとするのを感じていたのだろう、方針には動揺がみられる。スターリンあての手紙は、七日にスターリンに渡された。スターリンはただちに謝罪した。ムジヴァニあての手紙のことも知っており、非難をかわす腹であった。だが、もはやレーニンはその返事を読むこともできなかった。彼の容態は、六日より急激に変化していったからである。そして三月一〇日、レーニンは致命的な三回目の発作にみまわれた。彼は永久に喋ることも、字を書くこともできない身体となってしまったのである。

四月には、第一二回党大会がひらかれた。大会の直前に、レーニンの秘書フォーチエヴァが、民族問題にかんする覚え書だけを政治局に渡したが、レーニンの指示通り、大ロシア排外主義を第一の敵とすることで妥協がなり、個人責任の追及はなされなかった。「大会への手紙」はついに封筒から出されずじまいであった。

若干の回復はあったものの、正常の活動にはもどれない状態で、レーニンはなお一〇カ月生きつづけた。それは、まぎれもなく、彼にとっても妻にとっても、生涯でもっとも悲痛な時期であった。クルプスカヤは、イネッサ・アルマンドの娘インナにあてて書いている。「私どものところでは、万事がとてもゆっくりとですが、回復はすすんでいます。ヴェ〔レーニン〕は非常な忍耐力をもっており、どんなにつらいか努めてみなに隠すようにしています。一般的に、どこまで回復するか誰も断言することはできません。完全に治るのかどうかも。ただ一つ——我慢し通す覚悟をしなければなりません。」ドラプキナの回想によると、レーニンはよく一人だけで何時間もすわっており、しばしば泣いていたという。

　レーニンにとってモスクワにもどるのは夢であった。一〇月一九日、彼は頑強に主張して、ついにゴルキからモスクワに出てきた。彼はクレムリン内の書斎に入り、自分のノート類とヘーゲル全集三巻を取り出した。だが、そこまでが気力の限界であったのか、翌日には、一刻も早くゴルキにもどりたがった。

　レーニンは、二三年夏より党内に激しい論争がおこったことは感じていた。一九二四年一月一六日、第一三回党協議会がひらかれると、レーニンはクルプスカヤに『プラウダ』にのった協議会についての報道を読んでくれとたのんだ。クルプスカヤは、トロツキーを批判したスターリンの政治報告を朗読するのは避けたであろう。協議会が終わって、一九日にクルプスカヤが決議を読み上げると、レーニンはかなりの興奮の色をみせたので、彼女は、決議は満場一致で採択されたのだといって落ち着かせようとした。レーニンの興奮は、トロツキー派を「小ブルジョワ的偏向」だと決めつけた決議の部分に対するものであったことはまちがいない。二〇日にもクルプスカヤは、レーニンに決議のつづきを読んできかせた。翌日、一九二四年一月二一日、レーニンは突然発作をおこし、午後六時五〇分に死んだ。享年五三歳、その生涯は父のそれよりも七カ月短かった。

レーニンの遺骸を保存するとの決定が誰によって下されたかは知られていない。当時カフカースで病気静養中のトロツキーがその決定に関与していないことはたしかである。おそらく、レーニンと個人的にもっとも対立しながら、しかも葬儀で、もっとも忠実なるレーニンの弟子たることを誓約したスターリンがこのことのイニシャティヴをとったと考えるのが自然である。レーニンはエンゲルスの死を知っていた。遺体を焼いて、灰にして、海に捨てよとの遺言がその通り執行されたことを知っていた。彼にその余裕があれば、自分の遺体の処理についても遺言をのこしたであろう。もとより遺骸が永久保存されるというようなことは、夢にも思わなかったであろう。彼は後継者問題に結着をつけることもできず、彼自身の最後の闘いも途中のままで、舞台をおりた人間であった。クルプスカヤは二四年五月、第一三回党大会へ向けて、レーニンの遺言的文章のすべてを提出したが、もはやいかなる効果もなかった。必死の言葉は無視され、遺骸の方が尊ばれるということほど、レーニンにとって無残な結末はなかった。

生命なきむくろを永久に保存する――これは共産主義者が生み出した新しき偶像崇拝である。それは革命の継承ではなく、革命の中絶を象徴するといってよい。

I　革命家の人間学

ペテルブルク労働者階級解放闘争同盟の仲間とともに。前列右から２人目がレーニン。1897年２月撮影

レーニンはマルクス主義者である。マルクス主義者としての彼はプレハーノフの弟子である。彼は、ロシア・マルクス主義の流れの中で身をおこし、独自性、ほかならぬ彼の個性を主張している。マルクス主義以前にチェルヌイシェフスキーに決定的な影響をうけたことは、レーニンのマルクス主義に独特な刻印を押すことになった。チェルヌイシェフスキーとの関係については、ヴァレンチーノフの著書『レーニンとの出会い』(ニューヨーク、一九五三年、邦訳『知られざるレーニン』一九七二年)が重要な証言を含んでいる。ヴァレンチーノフは元ボリシェヴィキの亡命者で、ニコライ・ヴォリスキーが本名である。一九〇四年、レーニンはジュネーヴで彼やヴォロフスキーらに、チェルヌイシェフスキーと自分との関係について語った。その話のメモが重要である。本章の一には、異例であるが、あえてそのメモを収録した。

一九一四年に百科事典で有名なグラナト社にたのまれて、レーニンは「カール・マルクス」という一文を書いた。これはレーニンのマルクス主義理解をうかがうのに格好な資料である。彼は「マルクスの学説」という第一篇の中で、「哲学的唯物論」「弁証法」「唯物史観」「階級闘争」という四つの項目を立てている。この立て方が興味深い。統一的にとらえられるはずの「唯物論」と「弁証法」とが、「唯物史観」と「階級闘争」とが、それぞれ分けられているのである。このことはレーニンにおける二つの魂ともいうべきものの存在を示しているように思う。

レーニンは、一方では、徹底した唯物論的、法則定立的、社会経済的、基底還元的、段階論的、必然論的な認識志向をみせた。それは、先へ行けばますますよくなるという歴史楽観主義と結びついていたし、先進西欧の歩みがロシアのモデルとなるとする西欧主義とも結びついていた。これは、ナロードニキ批判を旗印に一八九〇年代に登場してきたときのレーニンにもっとも純粋に現われているが、のちの過程でも、たえず彼の考え方の土台をなしつづけた。

他方で、レーニンは、弁証法的な方法、闘争・運動に即して考える態度、政治的な認識、思想・意識の働きかけを重視する志向、混沌とした諸要素の独特な結びつき、個性に注目する志向、主体的な態度をみせた。これは、今日ただいまの決断、全力の投入という姿勢と結びついており、世界史におけるロシアの運動の使命感ともつらなっていた。このような認識志向は、階級闘争の激化、民衆運動の高揚に直面したとき、レーニンの中に強く現われてくる。世紀はじめも、一九〇五年の革命のときも、第一次大戦、一九一七年革命のときも、このような飛躍をみとめることができる。

そういうときには、レーニンの内なる二つの魂ははげしく衝突、闘争した。法則に注目して、それによって自分の位置を計測してすすんできたレーニンが、法則は所詮せまい、不完全なものだといい放って、昨日の自分と訣別しようとするのである。だが、激動が去れば、彼は、いま一度土台の方へもどっていった。元通りになるというのではないが、革命の政治学は反動期の経済学・哲学に場所を譲るのであった。

この意味では、レーニン自身が、まさに「対立物の統一」であるとみることができるだろう。そこにレーニンの無類の強みがあり、また同時に悩みがあったのである。

一　原点

兄の処刑

私の名前はウラジーミル・イリイーチ・ウリヤーノフである。

私は一八七〇年四月一〇日シムビルスクに生まれた。一八八七年春、私の兄アレクサンドルは、アレクサンドル三世によって処刑された、彼の暗殺を企てた（一八八七年三月一日）との咎で。一八八七年一二月、私は学生騒動のためはじめて逮捕され、カザン帝大を退学させられた。

（「一九一七年二月革命後に書かれた略歴稿」）

ヴォルガ体験

私は、民族問題にかんする自分の著作の中で、民族主義一般という抽象的な問題提起はなんの役にも立たないと書いておいた。抑圧民族の民族主義と被抑圧民族の民族主義、大きな民族の民族主義と小さな民族の民族主義とを区別しなければならない。

このあとの方の民族主義についていえば、われわれ大きな民族に属するものは、ほとんどつねに、その歴史的実践において、無限の量の暴力がふるわれていることに対して責任がある、いやそれ以上に――自分でも気づかずに無限の量の暴力と侮辱を加えているのである。――わが国において異族人がどのようにあしらわれているかについて、私のヴォルガ時代の記憶をたぐってみさえすればよい。ポーランド人は「ポリャチーシカ」としかよばれない。タタール人は「公爵」と嘲笑され、ウクライナ人は「ホホール」と、グルジヤ人その他のカフカースの異族人は「カプカース人」と嘲笑されていた。

（「少数民族の問題または『自治共和国化』の問題によせて」一九二二年一二月三〇日）

チェルヌイシェフスキー

私はいいたい。『なにをなすべきか』を幼稚だとか、才能が感じられないとかいうことは許されない。あの本の影響で幾百の人々が革命家になったのだ。もしもチェルヌイシェフスキーの書き方が才能の感じられないもの、幼稚なものであったなら、どうしてそんなことがおこりえただろうか。あの本は、たとえば、私の兄を惹きつけたし、私をも惹きつけた。あの本は私の全体を深くすきおこしたのだ。あなたは、いつ『なにをなすべきか』を読んだのか。あの本は乳ばなれしないうちに読んでもむだなのだ。チェルヌイシェフスキーの小説はあまりに複雑で、思想が充満しているので、幼い年頃では、理解し、評価することができない。私自身は、多分一四歳のころにあの本を読もうとためしてみた。これはなんの役にも立たない、表面的な読書だった。ところで、まさに兄の処刑ののち、チェルヌイシェフスキーの小説が彼のもっとも愛した作品の一つだったということを知って、私は本格的に読みはじめた。数日間ではなく、数週間、私はあの本に向かっていた。このときはじめて私は奥底まで理解できた。これは一生涯分の火薬を装塡してくれるものだ。才能が感じられない作品はそんな影響を与えられない。

（ヴァレンチーノフ『レーニンとの出会い』の中の対話より、一九〇四年はじめ）

カザンから村〔コクシキノ〕へ追放されたあとの一年間ほど読書したことは、その後の私の生涯に一度もない。ペテルブルクの牢獄ででも、シベリアででもそういうことはなかった。朝早くから夜おそくまで貪るように読んだのだ。じきに大学へ復学する許可がえられると想定して、大学の教科書も読んだ。いろんな文学作品も読んだ。ネクラーソフにはとても心を惹かれた。私は姉と、どちらが彼の詩を早く多く暗記できるか競争した。しかし、私がもっとも多く読んだのは、『現代人（ソヴレメンニク）』『祖国雑記（アチェーチェストヴェンヌイエ・ザピースキ）』『ヨーロッパ通信（ヴェストニーク・エフロープイ）』などの雑誌にのった論文である。これらの雑誌には、過去数十年間、社会問題、政治問題について発表されたもっとも興味深い、最良のものがのっていたのである。私のもっとも気に入っていた書き手はチェルヌイシェフスキーであった。『現代人』誌にのったものはすべて、最後の一行まで読み通し、しかもくりかえし読んだ。チェルヌイシェフスキーのおかげで、私は哲学的唯物論を最初に知ることになった。彼は哲学思想の発展におけるヘーゲルの役割をはじめて私に教えてくれた。弁証法的方法についての観念は彼から来たのだ。そのあとでは、マルクスの弁証法をわがものにするのは、はるかに容易であった。美学、芸術、文学にかんするチェルヌイシェフスキーのすばらしい論考もはじめから終わりまで通読した。ベリンスキーの革命的な像が明らかになった。農民問題にかんするチェルヌイシェフスキーの全論文、ミルの経済学の翻訳への彼の註解も読んだ。チェルヌイシェフスキーはブルジョワ経済学をたたいているので、これは、あとでマルクスをやるのに、よい予習となった。特別の興味をもって読み、かつ特別の利益をえたのは、チェルヌイシェフスキーによって書かれた思想の深さの点で抜群の「外国生活概観」であった。私は手に「鉛筆をもって」チェルヌイシェフスキーを読み、読んだところからたくさんの抜き書きや要約をつくった。こういうものすべてを書き込んだノートを、私はずっとあとまでのこしておいた。チェルヌイシェフスキーの知識の百科全書的性格、その革命的見解の激しさ、容赦をしない論争の才というものに私はすっかり魅せられていた。彼の住所を知って、私は彼に手紙を書いたくらいだ。そして返事がもらえないのをとてもなさけなく思った。一年後にきいた彼の死のニュースは私に大きな悲しみを与えた。チェルヌイシェフスキーは、検閲に圧迫されて、自由にものが書けなかった。彼の多くの見解は推測によって知る以外にないが、私がしたように、時間をかけて彼の論文を読み込めば、比喩や暗示で表現されたものでも、彼の政治的見解を完全に解読するための誤りなき鍵がえられるのである。絶対音感をもっているといわれる音楽家がいるが、絶対的革命感覚をもっているといえる人もいるのだ。マルクスはそういう人であったし、チェルヌイシェフスキーもそういう人であった。チェルヌイシェフスキーほど、あらゆる自由主義の臆病で、卑劣で、裏切者的本性を、しっかりと、深く、力強く理解し、断罪したロシアの革命家は、今日まで一人も挙げることはできない。私の手もとにあった雑誌には、マルクス主義にかんする論文、たとえばミハイロフスキーとジュコフスキーの論文などは多分のっていたと思うが、私がそれを読んだかどうか、いまははっきりいえない。ただ次の点だけは疑いのないところである。マルクスの『資本論』第一巻とプレハーノフの著書（『われわれの意見の不一致』）を知るまでは、そういう論文は私の興味を惹かなかったのであり、私はチェルヌイシェフスキーの論文のおかげで、経済問題、とくにロシア農村の暮らし向きはどうかという問題に興味をもちはじめていたのである。この方向に動かしたのは、ヴェ・ヴェ（ヴォロンツォーフ）、グレープ・ウスペンスキー、エンゲリガルト、スカルヂンらの論考であった。マルクス、エンゲルス、プレハーノフの著作を知るまでは、主要な、圧倒的な影響を私に及ぼしたのは、チェルヌイシェフスキー一人であり、それは『なにをなすべきか』からはじまった。チェルヌイシェフスキーの最大の功績は、彼がものごとをきちんと考え、本当にしっかりした人間はすべて革命家にならねばならないということを示しただけでなく、もっと重要なこと、革命家はいかにあるべきか、その準則はいかなるものであるべきか、いかにして自己の目標に向かっていくべきか、いかなる方法、手段でその実現をかちとるべきか、ということを示した点にもある。この功績の前には、彼の一切の誤りもものの数ではない。それにその誤りの責任は彼にあるというより、彼の時代の社会関係の未発達性にあるのである。

（ヴァレンチーノフ『レーニンとの出会い』の中のヴォロフスキーのメモ、一九〇四年はじめ）

国民的課題の意識

ロシアの社会民主主義派に課せられた国民的課題は、いまだ世界のどの社会主義党も直面したことのないようなものである。のちにわれわれは、全人民を専制の軛《くびき》から解放するというこの課題がわれわれに負わせている政治的・組織的義務について述べることになるだろう。だからいまは、先進的戦士の役割を果たしうるのは先進的理論に導かれた党のみであるということを指摘するにとどめておきたい。このことが何を意味するのかをいささかでも具体的に思い浮かべようとするなら、読者は、ゲルツェン、ベリンスキー、チェルヌイシェフスキー、それに七〇年代の革命家の輝かしい巨星群のようなロシア社会民主主義派の先行者たちのことを思い出してほしい。今日、ロシア文学が世界的意義をえつつあることを考えてみてほしい。それから……、いやもう以上で十分だ。〔……〕

「ドイツの労働者は、ヨーロッパの他の国々の労働者にまさる二つの本質的な利点をもっている。第一の利点は、彼らがヨーロッパのもっとも理論的な国民に属しており、ドイツのいわゆる『教養ある』階級がほとんど完全に失ってしまった、あの理論的理解力をもちつづけていることである。〔……〕第二の利点は、ドイツ人がほとんど最後に労働運動に参加したことにある。〔……〕もしイギリスのトレード・ユニオン〔労働組合〕とフランスの労働者の政治闘争の手本がなかったなら、とくにパリ・コミューンが与えた巨大な衝撃がなかったなら、われわれはいまごろどこにいただろうか。

ドイツの労働者がまれにみる聡明さをもって自らの立場の利点を利用したことをみとめてやらなければならない。労働運動が存在するようになって以来はじめて、闘争は、そのすべての三つの面、すなわち理論的な面、政治的な面、実践的・経済的な面（資本家への抵抗）を相互に調整、結合して、計画的にすすめられている。この、いわば集中攻撃にこそドイツの運動の強さと不敗の力がある。

一方ではこのような有利な立場によって、他方ではイギリスの運動の島国的な特殊性とフランスの運動の暴力的鎮圧とによって、ドイツの労働者は現時点でプロレタリア闘争の先頭に立たされている。事態が彼らにいつまでこの名誉ある部署を占めるのを許すかは、予言することはできない。しかし、この部署を占めるかぎり、彼らは課せられている義務をふさわしく果たすと期待できる。〔……〕」

エンゲルスのこの言葉は予言となった。数年たつと、ドイツの労働者は、不意に、社会主義鎮圧法という形の厳しい試練に見舞われた。しかし、ドイツの労働者は、本当に、完全武装でそれに立ち向かい、勝利者として切りぬけることができたのである。

ロシアのプロレタリアートは、いま測り知れないほどさらに厳しい試練にさらされようとしている。比べてみれば、立憲国における例外法も文字通り小人ともみえるような怪物との闘いが迫っているのだ。歴史がいまわれわれに提起している当面の課題は、他のすべての国のプロレタリアートのあらゆる当面の課題のうちでもっとも革命的なものである。この課題を実現し、ヨーロッパのみならず、（いまではこういうことができる）アジアをもふくめた反動のもっとも強力な砦を破壊することができれば、ロシアのプロレタリアートは国際的な革命的プロレタリアートの前衛となるであろう。

（『なにをなすべきか』一九〇一年秋―〇二年二月）

ロシア社会民主主義派の歴史は明瞭に三つの時期に分けられる。

第一期は、ほぼ一八八四年から一八九四年までの約一〇年間にあたる。これは、社会民主主義派の理論と綱領が生まれ、かためられていった時期であった。ロシアにおける新傾向の支持者の数は一人一人数えられる程度であった。社会民主主義は労働運動なしに存在しており、政党として胎児的発展の過程にあった。

第二期は、一八九四年から一八九八年までの三、四年にあたる。社会民主主義は社会運動として、人民大衆の高揚として、政党として、この世に姿を現わす。これは幼年期と少年期である。インテリゲンツィヤのあいだには、ナロードニキ主義と闘争し、労働者のところへ出かけていくことへの全般的熱中が、労働者のあいだにはストライキに対する全般的熱中が、疫病のように急速に広まっていく。〔……〕

第三期は、われわれが見てきたように、一八九七年に準備され、最終的には一八九八年に第二期と入れかわった（一八九八年—?年）。これは混乱、崩壊、動揺の時期である。少年期には、声変わりということがある。まさにこの時期のロシア社会民主主義派も声変わりをはじめ、一方では、ストルーヴェやプロコポーヴィチ、ブルガーコフやベルヂャーエフの諸氏の著作で、他方ではヴェ・イ——ンやエル・エム、ベ・クリチェフスキーやマルトゥイノフの著作において、調子はずれの声を出しはじめた。しかし、おぼつかない足取りで、ばらばらに歩き出し、後退していったのは、指導者だけであった。運動そのものは成長をつづけ、巨大な前進をつづけていった。プロレタリア闘争は労働者の新しい層をとらえ、全ロシアにひろがっていき、同時に、間接的には、学生その他の住民層のあいだの民主主義的精神の活発化にも影響を与えた。だが、指導者の意識性は、スチヒーヤ的高揚の広がりと強さを前にして、トランプでいうパスをしてしまったのだ。〔……〕

いつ第三期が終わり、第四期がはじまるか（いずれにしてもすでに多くの兆候がそれを予兆している）――それはわれわれにはわからない。ここでわれわれは、歴史の領域から現在の領域、一部は未来の領域へうつっていくのだ。しかし、われわれは、第四期が戦闘的マルクス主義の確立にみちびくであろうこと、この危機から脱出するときは、ロシア社会民主主義派は強化され、大人になっているであろうこと、日和見主義者の後衛と「交代して」もっとも革命的な階級の真に先進的な部隊が登場するであろうことを、かたく信じている。

このような「交代」を呼びかける意味で、またこれまで述べてきたことを総括して、われわれは、なにをなすべきか、という問に、次のように簡単な答を出すことができる。

第三期を清算することである、と。

（『なにをなすべきか』）

二　方法

唯物史観

古い唯物論が首尾一貫しておらず、不完全で、一面的なものであることを自覚したため、マルクスは、「社会にかんする科学を唯物論的な基礎と調和させ、この基礎にしたがってその科学をたてなおす」必要があるとの信念に到達した。唯物論一般が存在から意識を説明するものであって、その逆ではないとすれば、人類の社会生活に適用された唯物論は社会的意識を社会的存在から説明することを要求した。マルクスは次のように述べている（『資本論』第一巻）。「技術学は、自然に対する人間の能動的態度を、人間の生活の、それとともにまた人間の社会的生活条件とそこからおこる精神的諸観念の、直接的生産過程を、あらわにする。」マルクスは、人間社会とその歴史に広げられた唯物論の基本的命題の統一的な定式化をその著作『経済学批判』の序文の中で与えている。〔……〕

唯物史観の発見、あるいは、より正しくいえば社会現象の領域への唯物論の首尾一貫した延長、拡大によって、それまでの歴史理論の二つの主要な欠陥が除去された。第一に、それ以前の歴史理論は、せいぜいのところ人々の歴史的活動の思想的動機だけを考察したにすぎず、この動機が何によってよびおこされたかを研究せず、社会関係の体系の発展における客観的合法則性を把握せず、これらの関係の根が物質的生産の発展の程度のうちにあるということをみなかった。第二に、それ以前の理論はまさに住民大衆の行動をとらえていなかった。ところが、史的唯物論は、自然史的正確さをもって、大衆生活の社会的諸条件とこの条件の変化を研究することをはじめて可能にしたのである。マルクス以前の「社会学」と歴史学は、せいぜい、断片的に集められたなまの事実を蓄積し、歴史過程の個々の側面の描写を与えただけであった。マルクス主義は、一切の矛盾しあう諸傾向の総体を考察し、それをさまざまな社会諸階級の正確に規定された生活条件と生産条件に帰着させ、個々の「主導的」思想をえらび出したり、それを解釈したりするにあたって主観主義と恣意を排し、例外なしにすべての思想とすべてのさまざまな傾向の根が物質的な生産諸力の状態にあることを明らかにすることによって、社会経済構成体の発生、発展、衰退の過程を総合的、全面的に研究する道を指し示したのである。

（「カール・マルクス」一九一四年七―一一月）

基底還元主義

ナロードニキ主義の「本質」、その「基本思想」を、著者〔『ロシアの経済的発展の問題にたいする批判的覚え書』(一八九四年)の筆者ストルーヴェ〕は「ロシアの独自的経済発展の理論」ということに見出している。この理論は、彼の言葉によれば「次の二つの基本的源泉をもっている。㈠歴史過程における個人の役割にかんする特定の理論、㈡ロシア人民は特殊な民族的性格と民族精神をもち、その歴史的運命も特殊なものであるという直接的確信」。この箇所への註の中で、著者は「ナロードニキ主義に特徴的なことは、まったく明確な社会的理想である」と指摘し、ナロードニキの経済的世界観はあとに述べるといっている。

ナロードニキ主義の本質のこのような特徴づけは若干の修正を要すると私には思える。これは、ナロードニキ主義の支配的な理論的思想を指摘しはするが、その「本質」も、その「源泉」も指摘していないので、あまりに抽象的、観念的である。なぜ指摘された理想が独自的発展の信念や個人の役割にかんする特殊な学説と結びついたのか、なぜこの理論がわが国の社会思想の「もっとも影響力ある」潮流となったのかは、まったく不明のままである。もしも著者が「ナロードニキ主義の社会学的思想」(第一章の表題)について語りながら、純粋に社会学的問題(社会学における方法)に限定することができず、ロシアの経済的現実にかんするナロードニキの見解に触れたとすれば、この見解の本質を指摘すべきであったのである。ところで、指摘された註の中では、このことは半分だけしかなされていない。ナロードニキ主義の本質は、小生産者、小ブルジョワの観点から生産者の利益を代表するということである。ストルーヴェ氏は、ニコライ・——オーンの著書にかんするドイツ語の論文〔……〕の中で、ナロードニキ主義を「民族的社会主義」とよんだ。だが、古いロシアのナロードニキ主義については「民族的」というかわりに「農民的」というべきであり、現在のナロードニキ主義については「町人的」というべきであろう。ナロードニキ主義の「源泉」は、農民改革後の資本主義ロシアにおいて小生産者の階級が優勢であるということである。〔……〕

ナロードニキ主義の現実的内容にかんするこの訂正は、次の理由でますます必要となっているように思われた。第一には、ストルーヴェ氏の叙述にみられる先に指摘した抽象性は彼の基本的欠陥であり、第二に、ストルーヴェ氏が少しも共感していないあの学説の「若干の基本」テーゼは、まさに社会思想を社会経済的関係に還元することを必要としているのである。

（「ナロードニキ主義の経済学的内容とストルーヴェ氏の著書におけるその批判」一八九四年末—九五年初）

段階論

もとより具体的な歴史的情況においては、過去の要素と未来の要素はからみあい、二つの道は重なるところがある。賃労働と私的所有に対する賃労働の闘争は専制のもとでも存在するし、賃労働は農奴制のもとでさえ生まれているのである。しかし、だからといって、われわれが大きな発展段階を論理的、歴史的に区分することが許されない、ということにはけっしてならない。われわれはつねにブルジョワ革命と社会主義革命とを対置し、両者をもっとも厳密に区別する必要性をつねに無条件に主張しているが、歴史においては二つの変革の個々の、部分的要素がからみあっていることを否定することはできないのは当然ではないか。ヨーロッパの民主主義革命の時代には当然いくつかの社会主義運動と社会主義の試みがあったではないか。またヨーロッパの将来の社会主義革命には、民主主義の面でまだまだ多くのしとげるべきことがのこっているのは当然ではないか。

(『二つの戦術』一九〇五年六―七月)

彼ら〔「分割論者」とよばれる党内の一派〕は、理論的な面では一般に正しい立場に立っているが、一九〇三年のわれわれの「切取地」綱領の誤りをくりかえしている。この綱領の誤りの源泉は、われわれが発展の方向は正しく規定しながら、発展のモメントを正しく規定しえなかったことにあった。ロシアでは資本主義的農業の諸要素がすでに完全に形成されていること、地主経営(債務奴隷制的「切取地」はのぞく――ここから切取地の要求が出てきたのだ)にも形成されているし、農民経営にも形成されていることをわれわれは前提にしたのだった。農民経営は強力な農民ブルジョワジーを分離したので、「農民的土地革命」をやる能力はないものとみえていた。農民的土地革命に対する「恐れ」が誤った綱領を生んだのではなく、ロシア農業における資本主義発展の程度の過大評価が誤った綱領を生んだのである。当時のわれわれには、農奴制の遺制はとるにたらぬ細部とみえ、分与地と地主地の資本主義的経営は完全に成熟し、強固になった現象とみえていた。

革命はこの誤りを暴露した。われわれが規定した発展の方向は、革命によって確認された。ロシア社会の諸階級にかんするマルクス主義的分析は、一般に事件の歩み全体によって、とくに最初の二つの国会によって、輝かしく確証されたので、非マルクス主義的社会主義は最終的にくつがえされた。だが、農村における農奴制の遺制は、われわれが考えていたよりもはるかに強力であることがわかった。それは農民の全国民的運動をよびおこし、この運動をブルジョワ革命全体の試金石とした。〔……〕誤りの訂正は、農業制度の中にある古いものの残存物との闘争という部分的任務のかわりに、古い農業制度全体との闘争という任務を提起しなければならない、ということにあった。地主経営の清掃のかわりに、その廃絶が提起されたのである。

（『第一次ロシア革命における社会民主党の農業綱領』一九〇七年一一―一二月）

われわれが、プロレタリア文化だとか、それとブルジョワ文化との相互関係だとか、おしゃべりしているうちに、事実は、わが国では、ブルジョワ文化についても、すこぶるお粗末な状態にあることを示す数字をわれわれに突きつけている。当然予期すべきであったが、われわれは、万人が読み書きできるという状態からは、まだひどく立ちおくれており、ツァーリ時代（一八九七年）と比較しても、われわれの進歩はあまりにのろのろしたものであることがわかった。これは、「プロレタリア文化」の天上界にあそんできて、いまもあそんでいる人々への雷のような警告であり、叱責となる。このことは、西ヨーロッパの通常の文明諸国の水準に達するためには、われわれがまだどれほど不可欠な、地味な努力をしなければならないかを示している。〔……〕

だがわれわれは、肝心なことをしていない。われわれは、いやしくも文化を――プロレタリア文化はもとよりブルジョワ文化でも――問題とするにはどうしても必要な水準に、国民学校教師を引き上げるように配慮していないか、非常に不十分にしか配慮していないのである。問題としなければならないのは、半アジア的な非文化性であり、この非文化性より、われわれは今日まで抜け出してはいないし、真剣な努力なくしては抜け出しえないのである。

（「日記の数ページ」一九二三年一月）

啓蒙家たち〔一八六〇年代の人々〕は現在の社会発展を信じている。なぜなら、それに固有な矛盾に気づかないから。ナロードニキは現在の社会発展を恐れている。なぜなら、この矛盾にもう気づいているから。「教え子」〔九〇年代のマルクス主義者たち〕は現在の社会発展を信じている。なぜなら、この矛盾のまったき発展の中にのみよりよき未来の保障を見出しているからである。だから、第一と第三の流派は、現在の道に沿った発展を支持し、促進し、容易にしようとつとめ、またこの発展を妨げ、はばんでいるすべての障害をとりのぞこうとつとめる。これに反して、ナロードニキ主義は、この発展をはばみ、押しとどめようとつとめ、資本主義発展に対する若干の障害をなくすのを恐れている。第一と第三の流派は、歴史的楽観主義と名づけうるものを特徴としている。すなわち、事態がいますすんでいるままで、もっと先に、もっと早くすすめばすすむほど、それだけよいことだ、というのである。これに反してナロードニキ主義は、自然に、歴史的悲観主義にみちびく。すなわち、事態がこのまま先へすすめばすすむほど、わるくなる、というのである。〔……〕

だから、〔六〇年代の啓蒙家たちの〕「遺産」に対するナロードニキ主義の矛盾した態度は、けっして偶然のことではなく、ナロードニキ主義的見解の内容そのものの必然的結果である。われわれがみてきたところでは、啓蒙家の見解の基本的特徴の一つはロシアのヨーロッパ化に対する熱烈な志向であったが、ナロードニキは、ナロードニキたることをやめないかぎり、この志向を完全に分かちもつことは、けっしてできない。
　したがって、結局のところ、われわれは次のような結論をえたのである。それは部分的には
これまでも一度ならず指摘してきたことであるが、まさに、教え子たちは、ナロードニキよりも、はるかに首尾一貫した、はるかに忠実な遺産の保持者であるということである。

（「いかなる遺産をわれわれは拒否するのか」一八九七年末）

反客観主義

　客観主義者は所与の歴史過程の必然性について語るが、唯物論者は所与の社会経済的構成体とそれが生み出す敵対的関係を正確に確認する。客観主義者は、所与の一連の事実の必然性を論証しつつ、つねにこのような事実の弁護論者の観点に転落する恐れがあるが、唯物論者は階級矛盾をあばき出し、そのことによって自らの観点を定める。客観主義者は「克服しがたい歴史的傾向」について語るが、唯物論者は、所与の経済秩序を「掌握し」つつ、他の諸階級の一定の対抗の形態をつくり出す階級について語る。このようにして、唯物論者は、一方では、客観主義者よりも首尾一貫しており、より深く、より完全に自らの客観主義を貫徹する。唯物論者は、過程の必然性を指摘するにとどまらないで、いかなる社会経済的構成体がこの過程に内容を与えているか、いかなる階級がこの必然性を規定しているかを明らかにする。この場合に

は、たとえば、唯物論者は、「克服しがたい歴史的傾向」を確認するだけで満足せず、この秩序の内容を規定し、生産者自身の行動以外に活路をありえないものにしている一定の階級の存在を指摘するであろう。他方では、唯物論者は、いわば党派性を自己のうちにふくんでおり、事件のあらゆる評価のさいに特定の社会集団の観点に直接かつ公然と立つことを義務づける。

（「ナロードニキ主義の経済学的内容とストルーヴェ氏の著書におけるその批判」）

真理はつねに具体的である

わが党の危機の発展を概観すれば、闘争し合う双方の基本的構成が、つねに、小さな例外をのぞいて同一であるのが容易にわかる。これはわが党の革命的翼と日和見主義的翼との闘争であった。しかし、この闘争は種々さまざまな段階をへてきた。〔……〕

これらの段階は一つ一つ、闘争の波動と攻撃の直接目標によって本質的に異なった性格をもっている。各段階は、いわば一大戦役の中の個々の戦闘をなしている。一つ一つの戦闘の具体的情勢を研究しないかぎり、われわれの闘争についてなにごとも理解することはできない。だが、これを研究すれば、発展が実際に弁証法的な道をとって、矛盾を通じてすすんでいるのが、はっきりとみてとれる。すなわち、少数者は多数者になり、多数者は少数者となる。どちらの側も防禦から攻撃に、攻撃から防禦にうつる。思想闘争の出発点（規約第一条）は「否定され」、すべてをみたすいさかいに場をゆずる。しかし、その後「否定の否定」がはじまり、各種の中央機関で神からさずかった妻と、ともかくもどうにかこうにか「共棲した」のを終わりにし、純粋の思想闘争の出発点にもどっていく。しかし、この「テーゼ」はすでに「アンチテーゼ」のすべての結果によって豊富にされており、より高いジンテーゼに転化している。そこでは、第一条をめぐる、孤立した、偶然的な誤りが組織問題にかんする日和見主義的見解の似而非《えせ》体系に成長しており、革命的翼と日和見主義的翼へのわが党の基本的分割とこの現象の結びつきが万人のまえにますます明瞭に現われてくるのである。要するに、からす麦だけがへーゲル流に成長するのではなく、ロシア社会民主主義者もへーゲル流に相互に闘争しているのである。

しかし、マルクス主義が、足で立たせて、うけついだ偉大なへーゲルの弁証法を、党の革命的翼から日和見主義的翼へ寝返った政治家たちのジグザグな軌跡を正当化する俗流的な方法とけっして混同してはならない。単一の過程の個々の段階における個々の表明、個々のモメントをごっちゃにする俗流的なやり方とけっして混同してはならない。真の弁証法は、個人的な誤りを正当化するものではなくて、不可避的な転換を研究するものである。発展をその具体性においてもっともくわしく研究しぬくことに基づいて、転換の不可避性を論証するものである。弁証法の基本的命題は、抽象的なイースチナ（真理）はない、真理はつねに具体的である……

ということだ。

（『一歩前進、二歩後退』一九〇四年二―五月）

具体的な政治課題は具体的な情況の中で立てなければならない。すべては相対的であり、すべては流転し、すべては変化する。ドイツの社会民主主義派は綱領に共和制の要求をかかげていない。ドイツでは、実践の上で、この問題は社会主義の問題からほとんど切りはなせないような情況がある。〔……〕ロシアの社会民主主義派では、綱領と煽動から共和制の要求をのぞくという問題さえおこらなかった。なぜなら、わが国では共和制の問題と社会主義の問題が分かちがたく結びついているなどということは、問題にもならないからである。一八九八年のドイツの社会民主主義者が特殊的に共和制の問題を前面に立てなかったのは、驚きも非難もよぶことのない自然な現象である。しかし、ドイツの社会民主主義者が一八四八年に共和制の問題をかげにとどめておいたら、彼は、革命の直接的裏切者となったであろう。抽象的なイースチナ（真理）はない。イースチナ（真理）はつねに具体的である。（『二つの戦術』一九〇五年六―七月）

ヘーゲルから学んだもの

普遍と特殊

すばらしい定式――「たんに抽象的な普遍ではなく、特殊的なもの、個体的なもの、個別的なものの豊かさ（特殊的なものと個別的なものの豊かさのすべて！）を自己のうちに具現している普遍」!!　とてもすばらしい！

（「哲学ノート」一九一四年）

全体とモメント

だから、原因と結果は、諸事件の世界的な相互依存性、（普遍的な）連関、相互連結の諸モメントにすぎず、物質発展の連鎖の中の環にすぎない。

（「哲学ノート」）

「その展開のうちで必然性であることを示す現実性の諸モメントの全体、総体。」

現実性の諸モメントの総体の展開——NB——これこそ弁証法的認識の本質である。

（「哲学ノート」）

法則と現象

「このような同一性、すなわち法則をなす現象の基礎は、現象の本来のモメントである。この故に、法則は現象の彼岸にあるのではなく、現象に直接的に内在している。法則の国は、現存する、ないしは現象する世界の静止的な反映である。〔傍点はヘーゲル〕」

これは（「静止的な」ruhige という言葉によって）すばらしく唯物論的な、すばらしく適切な規定である。法則は静止的なものをとらえる——だから法則は、あらゆる法則は、狭く、不完全で、近似的なものなのである。

（「哲学ノート」）

矛盾——対立物の統一

対立物の同一性（対立物の「統一」という方があるいは正しいのだろうか？　同一性と統一という用語のちがいは、この場合とくに重要ではないが。ある意味では、両方とも正しい）とは、自然（精神も社会もふくめて）のあらゆる現象と過程のうちに、矛盾した、相互に排除し合う、対立した傾向を見分けること（発見すること）である。世界のあらゆる過程を、その「自己運動」において、その自発的な発展において、その生きた生活において認識する条件は、それを対立物の統一として認識することである。発展は対立物の「闘争」である。発展（進化）にかんする二つの基本的な（あるいは二つのありうる？　あるいは歴史上観察される二つの？）見方は、増減や反復としての発展という見方と、対立物の統一（一なるものが相互に排除し合う対立物に分かれて二になることとその両者の相互関係）としての発展という見方である。

運動について第一の見方をすれば、自己運動、その起動力、その源泉、その動機はかげにかくれたままである（あるいはその源泉は外に、神、主観、等々にうつされる）。第二の見方をすれば、主な注意はまさに「自己」運動の源泉の認識に向けられる。
第一の見方は、生命のない、あおざめた、ひからびたものである。第二の見方は、生気あふれたものである。第二の見方だけがすべての存在の「自己運動」をとらえる鍵を与えてくれる。それだけが「飛躍」、「漸次性の中断」、「対立物への転化」、古いものの消滅と新しいものの発生をとらえる鍵を与えてくれる。
対立物の統一（一致、同一性、均衡）は条件的、一時的、経過的、相対的である。相互に排除し合う対立物の闘争は、発展、運動が絶対的であるように、絶対的である。

（「弁証法の問題によせて」一九一五年）

認識と実践

実践は（理論的）認識よりも高い。なぜなら、それは普遍性という価値をもつのみでなく、直接的な現実性という価値をもっているからである。

（「哲学ノート」）

行動の結果は主観的認識の検証であり、真に存在する客観性の基準である。

（「哲学ノート」）

階級闘争の理論

ある社会の成員中のある人々の志向が他の人々の志向とくいちがうこと、社会生活は矛盾にみちていること、歴史は、諸国民のあいだや社会と社会のあいだ、さらに国民や社会の内部にも闘争があることをわれわれに示していること、この他、さらに革命と反動、平和と戦争、停滞と急速な進歩または衰退の時期が交互にくること――これらのことは周知の事実である。マルクス主義はこの一見したところ迷宮とカオスとみえるものの中に、合法則性を発見することを可能にする導きの糸、すなわち階級闘争の理論を与えた。ある社会、あるいはある社会群のすべての成員の志向の総体を研究してはじめて、これらの志向の結果を科学的に規定できる。ところで、矛盾した志向の源泉は、一つの社会を分解すれば出てくる諸階級の生活の状態と条件の差にある。マルクスは『共産党宣言』に書いている。「これまでのすべての社会の歴史は階級闘争の歴史である。……」

（「カール・マルクス」）

祭りとしての革命

革命は歴史の機関車である、とマルクスはいった。革命は、抑圧され、搾取された人々の祝祭である。革命のときほど、人民大衆が新しい社会制度の積極的創造者として立ち現われることのできるときはない。そういうときには、人民は、漸進的進歩という狭い、町人的な尺度からみれば、奇蹟をもやってのけることができる。だが、そういうときには、革命党の指導者も自らの課題をより広く、より大胆に提起することが必要であり、そのスローガンが大衆の革命的自主活動よりつねに先をすすんで、その灯台の役割を果たすようにし、われわれの民主主義と社会主義の理想、その偉大さと魅力のすべてを示し、完全、無条件、決定的勝利へのもっとも近い、もっともまっすぐな道を示すことが必要である。革命を恐れ、まっすぐな道を恐れるがゆえに、迂回路、回り道、妥協の道をでっち上げるのは『オスヴォボジデェーニエ』〔自由主義者の機関紙〕のブルジョワジーの日和見主義者たちにまかせよう。もしも、われわれが力ずくでそのような道をたどらされるのであれば、われわれは、小さな、日常的な工作においても、自らの責務を果たすことはできる。しかし、まずは容赦なき闘争によって、道の選択の問題を解決させよう。もしも大衆の祭りのエネルギーと革命的熱狂を、まっすぐな、決然たる道を目ざす、容赦なき、献身的闘争のために生かさなければ、われわれはまぎれもなき革命の裏切者になるであろう。

（『二つの戦術』）

革命の困難

なぜなら、革命、本物の、深い、マルクスの表現によれば「人民的な」革命は、古い社会制度が死滅し、新しい社会制度が誕生する、幾千万人の生活の新しい様式が生まれる、信じがたいほどに複雑で、苦痛にみちた過程だからである。革命は、もっとも尖鋭な、猛烈な、必死の階級闘争であり、内戦である。歴史上のいかなる大革命も内戦なしにすんだものはない。そして、「例外的に複雑な情勢」を伴わなくとも内戦が考えられるとするのは、「箱の中の男」〔チェーホフの短篇のタイトル〕だけである。

例外的に複雑な情勢がないのなら、革命もまたないのである。狼を恐れるのなら、森には入らぬことだ。

（「ボリシェヴィキは国家権力を維持できるか」一九一七年九―一〇月）

昨日の理論と生きた現実

ボリシェヴィキのスローガンと思想が正しかったことは、一般的には歴史によって完全に確証されたが、具体的には、事態は、（誰も）予想もしえなかった別の形、より独特な、より特異な、より雑然とした形をとった。

この事実を無視したり、わすれたりすると、新しい、生き生きした現実の特異性を研究しようとせず、棒暗記した公式を無意味にくりかえすことによって、わが党の歴史上すでにいくどもみじめな役割を演じてきたあの「古参ボリシェヴィキ」のようになってしまうのである。

〔……〕

いま必要なことは、マルクス主義者はいつまでも昨日の理論にしがみついていないで、生きた生活、現実の正確な事実を考慮しなければならないという、争う余地のないイースチナ（真理）を学びとることである。すべて理論というものがそうであるように、この昨日の理論は、せいぜい基本的なもの、一般的なものの輪郭を示すだけであり、生活の複雑性の把握に近づくだけである。

「とにかく君に教えるがね。一切の理論は灰色で、緑なのは黄金なす生活の木だ。」〔ゲーテ『ファウスト』第一部メフィストフェレスの言葉。森林太郎訳〕

ブルジョワ革命の「終了」の問題を古い仕方で提起するものは、生きたマルクス主義を死んだ文字の犠牲にするものである。

（「戦術にかんする手紙」一九一七年四月）

社会主義をつくり出すのには、文明性が必要とされる、と諸君はいわれる。大変結構だ。では、それならなぜ、われわれが、まず地主を追放するとか、ロシアの資本家を追放するとかいうような文明性の前提を自国につくり出し、それから社会主義への動きをはじめてはいけないのか。通常の歴史の順序をそのように変えることは許されない、あるいはありえないというようなことを、諸君はどれかのパンフレットで読んだのか。

記憶にまちがいがなければ、ナポレオンは、《On s'engage et puis……on voit》〔事にかかわってそれからみる〕と書いている。ロシア語で意訳すれば、これは「まず真剣勝負にとび込んでみよ、そうすればみえてくる」となる。まさに、われわれも、一九一七年一〇月に真剣勝負にとび込んだのであり、そうしたら、ブレスト講和やネップ等々の発展の細部（世界史の観点よりすれば、これは、疑いもなく細部である）がみえたのである。そして現在、基本的には、われわれが勝利をおさめたことは疑いない。

より右にいる社会民主主義者はいうまでもないが、われらがスハーノフ〔一七年革命当時はゴーリキー派の評論家。のちメンシェヴィキ〕たちも、一般に革命はこれ以外のやり方ではやれないのだとは夢にも思わないのだ。人口は測り知れないほど多く、社会条件の多様さも測り知れないほど著しい東洋諸国における今後の革命は、疑いもなくロシア革命を上まわる独自性をもたらすだろうというようなことは、われらがヨーロッパの俗物たちは夢にも思わない。

無論のこと、カウツキーに従って書かれた教科書は、その当時としてはすこぶる有益なものだった。しかし、この教科書がこののちの世界史の発展の全形態を予見しているかのように考えるのはやめるべきときがきたのだ。そのように考える人には、この大馬鹿者といいわたすのがふさわしくなったのである。

（「わが国の革命について」一九二三年一月）

夢見ること

「夢想しなければならない。」私はこの言葉を書きつけて、愕然とした。私は、「合同大会」に出席していて、『ラボーチェエ・ヂェーロ（労働者の事業）』誌の編集者や寄稿者と向かい合わせの席にすわっている自分を思い浮かべた。同志マルトゥイノフがやおら立ち上がり、私を叱りつける。「ではおたずねしたい、自治をみとめられているにすぎない編集部が、あらかじめ党の委員会の意見を求めることなしに、夢想する権利を有しているのだろうか。」つづいて、同志クリチェフスキーが立って、(すでにずっと昔に同志プレハーノフを深めた同志マルトゥイノフを哲学的に深めて)さらに一段と恐ろしい声でつづける。「私はもっと突っ込んでみよう。私は質問したい。もしも、マルクスによれば、人類はつねに実現可能な課題を自らに課すのであり、戦術というものは党とともに成長する課題の成長の過程であることを忘れないならば、マルクス主義者たる者は夢想する権利を一般にもっているのだろうか。」

このような恐ろしい質問のことを考えただけで、私は背筋が寒くなり、考えることは、ただ一つ——どこへかくれようかということだけである。ひとつピーサレフ〔六〇年代のロシアの思想家〕のかげにかくれてみよう。

ピーサレフは夢想と現実の間の不一致という問題にかんして書いている。「一概に不一致といってもさまざまだ。私の夢想は、事件の自然な進行を追いこすこともありうるし、事件の自然な進行がどうしてもたどりつくことのできない、まったくのわき道にとび込むこともありうる。前者の場合は、夢想はいかなる害悪ももたらさない。それは勤労者のエネルギーを支え、強めることもできる。〔……〕そのような夢想には、労働する力を歪めたり、麻痺させたりするようなものは何もない。まったく反対でさえある。もしも人間がそのように夢想する能力をまったく奪われてしまえば、もしも、ときたまは先まわりして、自分の手もとで形づくられはじめたばかりの創造物を想像によって完全な、仕上がった姿でながめてみることができないならば、いかなる刺激因が人間をして、芸術、科学、実生活の分野で、膨大で骨の折れる仕事を企てさせ、最後までやりとげさせるか、私は思い浮かべることもまったくできない。〔……〕夢想と現実の間の不一致は、もしも夢想する個人が自分の夢想を真剣に信じ、注意深く生活をのぞき込んで、自分の観察を自分の空中楼閣と比較し、一般に良心的に自分のファンタジーの実現のために働くならば、いかなる害悪ももたらさないのである。夢想と生活の間になんらかの接点があるときは、万事はうまくいく。」

まさにそのような夢想が、不幸にもわれわれの運動の中に、あまりにも少なすぎるのである。

（『なにをなすべきか』）

三　人間

師と仰ぐ人

私は、いかにして『イスクラ』はあやうく消えかけたか、ということの記述を、新暦八月二六日、日曜日の夕方、われわれが帰宅するところで、とめておいた。汽船からおりて、われわれだけになるやいなや、われわれの口からは、せきを切ったように憤激の言葉がほとばしり出た。われわれはまるで破裂したかのようで、重苦しい雰囲気ははじけて、雷雨となったのだ。われわれは夜おそくまで、われわれの小さな村の端から端まで歩きまわった。夜はかなり暗く、まわりでは雷雨が通りすぎ、いなずまが光った。われわれは歩きまわり、怒りをぶちまけていた。私の覚えているところでは、アルセーニエフ〔ポートレソフ〕が次のように口火を切った。自分は、プレハーノフとの個人的な関係は、いまをもって永久に断たれたとみなし、けっしてそれを回復させないだろう。実務的な関係はのこるが、個人的には、彼とは終わったfertigのだ。プレハーノフのあしらい方は実に侮辱的であり、彼がわれわれに対して非常に「汚ない」考えをもっている（すなわち、彼は腹の中ではわれわれのことを野心家 Streber にひとしいとみている）のではないかと疑わざるをえないようなものだ、等々。私は、この告発を全面的に支持した。私のプレハーノフへの「恋心」はうそのように消えてしまい、私の心は信じられないほど傷つけられ、つらかった。私はこれまでの生涯で一人の人にこれほどの心の底からの敬意と崇拝 vénération を捧げたことはけっして、けっしてなかった。私は誰の前でもこれほど「へり下って」ふるまったことはなかった。しかも、これほど乱暴な「足蹴」をくらったこともけっしてなかったのだ。ところで、事実は、まさにわれわれは足蹴をくらう結果となった。われわれは子供のようにおどしつけられた。大人がわれわれを置き去りにし、一人ぼっちにして、われわれがおじけづくと（なんたる恥辱！）、われわれを信じられないほど無作法におしのけるというふうに、おどしつけたのだ。われわれは、いまにして、まったくはっきりと悟った。共同編集者をやめるというプレハーノフの朝の言明は、罠そのもの、先を読んだ将棋の手、お目出たい「おぼっちゃんたち」のためのおとし穴であったことを。このことはいかなる疑いも入れなかった。なぜなら、もしもプレハーノフが本気で共同編集者であることを心配し、仕事にブレーキをかけるのを心配し、われわれの間に余計な摩擦を生むのを心配していたのなら、彼はその一分後に、彼が共同編集者たることは彼が単独編集者たることにまったくひとしいというようなところをあらわにする（しかも強引にあらわにする）ことはけっしてできなかったであろうからである。ところで、われわれがもっとも親密な関係をもって、一緒に密接な共同の事業をすすめていこうと望んでいる当の相手が仲間に対して将棋の手を使う以上は、この人間が良くない人間、まさに良くない人間であること、彼には個人的な、卑小なうぬぼれと虚栄心が強いこと、彼は不誠実な人間であることは、もはや一点の疑いもないところである。この発見は——これはわれわれにとって本当の発見であった——われわれを雷のように打った。なぜならわれわれ二人はこの瞬間までプレハーノフに惚れ込んでいて、恋人に対するように、彼には一切をゆるし、すべての欠点に目をつぶり、そんな欠点はないのだと、それはとるにたらないことだ、こんなとるにたらないことに注意を向けるのは原則を十分に尊重しない人々だけだと、一生懸命に自分にいいきかせてきたからである。ところが、われわれは自分で、そういう「とるにたらない」欠点はどんなに献身的な友人をも反撥させうるものであるし、理論的な正しさをいかに説得してもその反撥をよぶ資質を忘れさせることはできないということを、はっきり納得させられるはめになったのである。われわれの憤激はかぎりなく大きかった。理想はこなごなになり、われわれはそれを、倒された偶像のように、足で踏みにじって、快感をおぼえた。どんなに烈しい非難もいつ果てるともなかった。こんなふうではやっていかれない、とわれわれは決心した。われわれはこんな条件では一緒に仕事をすることを望まないし、一緒に仕事をやらないし、一緒に仕事はできない。さようなら、雑誌よ。われわれはすべてを捨て、ロシアに行き、そこで事を新しくととのえ、新聞だけをやっていこう。こんな人物の手ににぎられた将棋の歩《ふ》にはなりたくない。〔……〕

われわれ三人が家を出たときのあの気持を、私はけっして忘れることはないであろう。「われわれはまるで死者の亡骸のあとについていくみたいだ」と私は独り言をいった。そして、事実、われわれは、亡骸を送るときのように、黙々と、目を伏せ、この損失の不合理で、異常で、無意味なことに、とことん打ちひしがれて、歩いていった。まるで何か呪いをかけられたかのようだ。万事が良い方にまとまりそうであった――あれほど長い間の不幸と失敗のあとでまとまりそうであった――のに突然つむじ風がまきおこって、万事休す、すべてがまたもや瓦解してしまったのだ。まったくなんとしても自分で自分のことが信じられなかった（ちょうど近親者の死のなまなましい印象が消えないうちは、自分で自分が信じられないように）――いまプレハーノフのことをこんなに悪意をもって語り、唇をかたく結び、心は氷のように冷えきって、冷たく、烈しい事柄をいってやるため、ほとんど「関係の断絶」にもひとしいことを彼に宣告するために、行こうとしているのは、これは一体全体私なのだろうか、あのプレハーノフの熱烈な崇拝者であった私なのだろうか。これははたしてわるい夢ではなく、現実なのだろうか。

（「いかにして『イスクラ』はあやうく消えかけたか」一九〇〇年九月）

母と妻と

一九〇三年二月四日

大事なお母さん、もうずいぶん長いあいだ、私はあなたからも、うちの誰からも一本の手紙ももらっていません。きっとあなた方の手紙のうちどれかは届かなかったのでしょう。なぜなら、この間ずっと誰も私に手紙をくれないとは考えられないからです。私はミーチャ〔弟ドミートリー〕がお母さんのところへやってきたかどうか知りません。長く滞在したのですか。彼の計画はどのようなもので、彼はいまどこにいるのですか。アニュータ〔姉アンナ〕から知らせがありましたか。彼女は旅順へ動くのですか。それはいつですか。お母さんは元気ですか。そちらにはまだずっとしつこい寒さがあるのでしょうか。

こちら〔ロンドン〕は、よい天気で、この冬は例外的にうまく、おだやかでした。雨も霧も（さしあたりは）多くありませんでした。エ・ヴェ〔クルプスカヤの母〕は相変わらずしばしば病気をします。いまもそうです。しかしひどくはありません。ですから家庭常備薬か、ロシア式処方ですみます。彼女には、どこかもっと南の方へ行く方がおそらくよいでしょう。私とナージャ〔クルプスカヤ〕は健康で、これまで通り、静かに、つつましく暮らしています。最近この冬はじめてよいコンサートへ行き、とても満足しました。とくにチャイコフスキーの最後の交響曲（交響曲「悲愴」Symphonie pathétique）に満足しました。そちらのサマーラでもよいコンサートがありますか。ドイツの劇場には一度行きました。ロシアの芸術座で「どん底」をみたいものです。しっかりとあなたを抱きしめます。私の大事なお母さん、あらゆるよいこと、とくに健康を願っています。うちの者によろしく。おそらくアニュータには手紙を転送してもらえるでしょうが、いつになったら私は彼女の住所を知ることができるでしょうか。

お母さんのヴェ・ウリヤーノフ

（「母マリヤ・ウリヤーノヴァあての手紙」一九〇三年二月四日付）

一二月二六日

親愛なるマリヤ・アレクサンドロヴナ、ずいぶん長いあいだお便りしませんでした。一般に私の手紙は、最近は一種のイタリア・ストの状態です。その責任の一部はヴォローヂャ〔レーニン〕にあります。彼は私を「プログリスト〔散歩派〕」に引き入れました。こちらには、「シネミスト」党〔映画へ行くのを好む人々〕、「アンチシネミスト〔反映画派〕」党、略して「アンチセミート」党〔反ユダヤ主義者とダブらせている〕、それにいつも散歩に逃げ出そうとする「プログリスト」党があると、私たちは冗談をいっているのです。ヴォローヂャは断固たるアンチシネミストで、めちゃくちゃなプログリストです。そこで私をいつも自分の党にさそいますので、そのあとは私はなにをするにも時間が足りなくなるのです。運悪く、おどろくような日がつづいています。雪が降りました、もうすばらしく。

でも秋はとてもよかったです。ところでクラクフでは散歩でもしなければ、しょうがないのです。文化的娯楽はまったくありません。一度だけコンサートに行きました。ベートーヴェンの四重奏です。通し切符を共同で買うことまでしましたが、コンサートはなぜか私たちを恐ろしく退屈させました。もっとも私たちの知人の立派な音楽家は熱狂していましたが。ポーランドの劇場には行く気がしません。ここの映画は恐ろしく馬鹿げたもので、みな五幕物のメロドラマです。……ヴォローヂャと一緒に祭日のあと当地の大学図書館を検分することにとりかかろうと決めました。しかし、実にお恥かしいことですが、一度もそこには行っていません。ここで私たちが飢餓を感じているのは、文学作品がないためです。ヴォローヂャはほとんど空《そら》で、ナドソンとネクラーソフをおぼえてしまいました。ばらばらになった『アンナ・カレーニナ』の巻を百回もくりかえし読んでいます。私たちは自分たちの文学書（ピーチェルにあったうちの僅かな部分です）をパリに置いてきました。ここではロシアの本を入手するところがないのです。ときどきウスペンスキーの二八巻とか、プーシキンの一〇巻とか、等々の古本屋の広告をうらやましいと思いながらみています。

ヴォローヂャは、どうしてか、運悪く、非常な「文学好き」になってしまいました。それにめちゃくちゃなナショナリストです。ポーランドの画家をみようと彼を誘うことはどうしても不可能なのに、たとえば、知り合いのお宅で捨てられていたトレチャコフ美術館のカタログをひろってきて、なんどもそれに眺め入っています。

私たちはみな健康です。ヴォローヂャは毎日冷水浴をして、散歩によく行きます。不眠症はありません。相変わらずここの沼をほめそやしています。ママ〔クルプスカヤの母〕はやれ歯痛だ、やれ咳だと、ときどき病気をします。マニャーシャ〔レーニンの妹マーリヤ〕の手紙はうけとりました。しかし、彼女はいつもひどい乱筆なので、私は何一つ理解できません。もっとひんぱんに手紙を書いてもらって下さい。彼女をかたくかたく抱きしめます、彼女とあなたを。ご機嫌よう。もう一度キスします。

あなたのナーヂャ

しっかりとキスします、大事なお母さん、元気を出し、健康でいて下さい。マニャーシャ（彼女に二、三日うちに手紙を出します）ときっとそちらにいるアニュータにさらなる挨拶を送ります。

お母さんのヴェ・ウ

（「マリヤ・ウリヤーノヴァあてクルプスカヤとレーニンの手紙」一九一三年一二月二六日付）

愛について

一月二六日

親愛なる友よ、君の親しみのこもった、なつかしい、すばらしい、暖かい手紙がひどくうれしい。言葉ではいい表わせないほど、この手紙のことを君に感謝している。

当地では、ことは台なしになった。一人はもう協調派に逃げている——したがって、いまでは多数派がなくなり、みなが腐りはてた協調主義にすすんでいる。来週の火曜か水曜に当地を出発し、いそいでクラクフへ行くつもりだ（ライプツィヒでは報告をするだけだ）。そこからは、『プラウダ』の具合がわるい、金もないと書いてきている。部数は減り、赤字だ。まったく困った。

私の新しいアドレスは、ブリュッセル市スヴェレーヌ通り一八番である。

同封したニコ・ヴァス〔クズネツォーフ〕あての手紙をみれば、報告の失敗でくさっているのですかという質問に対する答を君はみつけられよう。これでも怒らずにいられようか。アントーノフはまったくの馬鹿だ。しかも彼ぬきでは実践的なことを催しえない。

速達は受けとり、みなマリノフスキーに渡した。彼は当地に、もう二、三日滞在する。

在外組織委員会では金を大事にしてほしい。アントーノフに散財させてはならない。

かたい、かたい、かたい握手をおくる、私の親愛なる友よ。いそいで、短い手紙になったのを許しておくれ、ひまがないのだ。

君のヴェ・ウ

（「イネッサ・アルマンドあての手紙」一九一四年一月二六日付）

Dear friend! パンフレットの構成はもっとくわしく書くように強く忠告する。そうでないと不明な点が多すぎる。

一つの意見だけを、いますぐいっておかなければならない。

第三の「（女性の）恋愛の自由の要求」は全部削除するよう忠告する。

これは、実際に、プロレタリア的でなく、ブルジョワ的な要求である。

本当のところ、あなたはこの言葉でなにを理解しているのか。この言葉でなにを理解しうるのか。

一　恋愛における物質的（財政的）計算からの解放か

二　物質的心配からの解放か

三　宗教的偏見からの解放か

四　パパの禁制からの解放か

五　「公衆」の偏見からの解放か

六　（農民や町人やインテリ＝ブルジョワの）環境の狭い情況からの解放か
七　法律、裁判所、警察の枷《かせ》からの解放か
八　恋愛における真剣さからの解放か
九　子供を生むことからの解放か
一〇　姦通の自由か、等々。

私は多くの（もとよりすべてではない）ニュアンスを列挙してみた。もちろん、あなたが考えているのは、第八、九、一〇ではなく、第一―七、ないしは第一―七のたぐいだろう。だが、第一―七のためには、別の言い方をえらぶべきだ。なぜなら恋愛の自由は、この考えを正確に表現しないからだ。

ところで、公衆、パンフレットの読者は、「恋愛の自由」一般を、不可避的に、第八、九、一〇のたぐいのなにかをさすととるだろう。たとえそれがあなたの意志には反するとしても。まさに、現代社会では、もっとも饒舌で、騒々しい、「目立つ」階級が「恋愛の自由」を第八、九、一〇と理解しているからこそ、これは、プロレタリア的要求ではなく、ブルジョワ的要求なのだ。

プロレタリアートにとってなによりも重要なのは、第一、二であり、それから第一―七であるが、これは本来「恋愛の自由」ではない。

問題は、あなたが主観的にこの言葉でなにを「さそうと思っている」かではない。問題は、恋愛問題における階級関係の客観的論理にあるのだ。

Friendly shake hand!　W. I.

（「イネッサ・アルマンドあての手紙」一九一五年一月一七日付）

ブルジョワ女性は恋愛の自由を第八、九、一〇項と理解する――これが私のテーゼだ。あなたはこれを反駁するのか。ブルジョワ夫人たちが恋愛の自由をなんと解しているか、いってみてほしい。

あなたはそのことを述べていない。文学や生活は、ブルジョワ女性がまさにこのように理解していることを証明していないだろうか。完全に証明している。あなたは黙ってこのことをみとめている。

だが、そうだとすれば、問題は彼女らの階級的地位にあるのであり、彼女らに反駁することは、とても不可能だし、ほとんど子供じみたまねだということになるだろう。

彼女らからははっきりと一線を画し、彼女らにプロレタリアの観点を対置しなければならない。そうしなければ、彼女らはあなたのパンフレットから都合のよいところをとって、それを自己流に解釈し、あなたのパンフレットから我田引水し、あなたの思想を労働者に対して歪めてみせ、労働者を「当惑させる」（あなたが労働者のあいだに、まったく無縁の思想をもち込んだのではないか、という危惧をまきちらすことによって）だろうという客観的な事実を考慮に入れなければならない。ところで、彼女らの手中には多くの新聞等々があるのだ。

だのに、あなたは客観的、階級的観点をすっかり忘れて、私の「攻撃」に移っている。まるで私が恋愛の自由を、第八、九、一〇項と「同一視している」かのように。不思議だ、まったく不思議だ。

「かりそめの情熱と関係でさえ」、（平凡な、すこぶる平凡な）夫婦の「愛のない接吻」よりは「詩的であり、清い。」あなたはそう書いている、そしてそのようにパンフレットにも書くおつもりらしい。結構なことだ。

この対置は論理的だろうか。平凡な夫婦の愛のない接吻は不潔だ。それはみとめる。それになにを対置すべきなのか。……なにを。……愛のこもった接吻を、ではないか、と思える。だが、あなたは「かりそめの」（なぜかりそめなのか）「情熱」（なぜ愛情でないのか）を対置する——すなわち、論理的には、愛のない接吻（かりそめの）が愛のない夫婦間の接吻に対置されるということになる。奇妙だ。一般向けのパンフレットでは、小市民的・インテリ的・農民的な（おそらく私のあげた第六項か第五項）愛のない、平凡で、不潔な結婚を、プロレタリア的な民事的恋愛結婚に対置する（もしどうしてもそうしたければ、かりそめの関係＝情熱も、不潔なものでもありうるし、清いものでもありうるとつけ加えて）方がよいのではないだろうか。あなたの考えでは、対置されているのは、階級的類型ではなく、もとよりありえないことではない非常事態のようなものだ。しかし、一体、非常事態が問題なのだろうか。もしも、非常事態、結婚における不潔な接吻、かりそめの関係における清い接吻の個別的な事例をテーマとするならば、このテーマは小説で掘り下げる以外にない（なぜなら、その場合には、すべての眼目は個別的な情況にあり、特定のタイプの性格と心理の分析にあるからだ）。だがパンフレットではどうだろうか。

（「イネッサ・アルマンドあての手紙」一九一五年一月二四日付）

謙虚さ

一九一八年五月二三日

人民委員会議総務部長ウラジーミル・ドミートリエヴィチ・ボンチ＝ブルエーヴィチへ

私の俸給を一九一八年三月一日より月額五〇〇ルーブリより八〇〇ルーブリに引き上げた根拠を示してほしいとの私の強い要求をあなたがみたさず、また人民委員会議書記ニコライ・ペトローヴィチ・ゴルブノーフと協定の上あなたが勝手におこなったこの引き上げは、一九一七年一一月二三日付人民委員会議法令に直接違反し明らかに違法であることにかんがみ、あなたを厳重譴責に処すものである。

人民委員会議議長　ヴェ・ウリヤーノフ（レーニン）

（「ヴェ・デ・ボンチ＝ブルエーヴィチあての手紙」一九一八年五月二三日付）

ルミャンツェフ博物館図書館へ

もしも規定によって参考書の館外貸出しがなされないのでしたら、閉館後の夕方か夜、拝借できませんか。朝にはかならずお返しします。

参考のため、一日間

1　ギリシア語からドイツ語、フランス語、ロシア語、英語への、しっかりした、もっとも完全なギリシア語辞典を二冊。

2　しっかりした哲学辞典、哲学用語辞典。ドイツ語のは、多分アイスラーのもの、英語のは、多分ボールドウィンのもの、フランス語のは、多分フランク（もっと新しいのがなければ）、ロシア語のは、新しいもののうちのどれか。

3　ギリシア哲学史　(1)ツェラー、完全な最新版。　(2)ゴンペルツ（ウィーンの哲学者）の『ギリシアの思想家たち』

（「ルミャンツェフ博物館あての手紙」一九二〇年九月一日付）

II　スチヒーヤと意識

1919年３月に開催された第８回党大会の出席者とともに。前から２列目、右から３人目がレーニン

二〇世紀のはじめ、レーニンの革命思想が最初の結晶化をみせたその内容と、それが一九〇五年のロシア第一次革命の中でいかに変貌するか、またその革命の中ではじめてととのえられた革命論はどのようなものか——それがこの章の主題である。革命の火の中で試練をうけたのは、党＝大衆論と農業綱領であり、新しく生まれたのは革命権力論である。これを大きく「スチヒーヤ」と「意識」の問題として眺めてみる。

もとより、「スチヒーヤ」と「意識」の対置は、レーニンの考える自己変革、自らの内なる自然的なるものの克服への意志に根ざしており、さしあたりは、『なにをなすべきか』において、労働者大衆と社会民主主義者、労働者大衆と党の関係として論じられたが、これは、指導される者と指導する者、人民と前衛の関係にも広がり、ついには、農民とプロレタリアートの関係にも及ぼされた。ロシア革命ののちには、「プロレタリア的組織性」に対して「小ブルジョワ的スチヒーヤ」という言葉も生まれるのである。

ここですこし「スチヒーヤ」というロシア語の用例を説明してみたい。元来は「自然現象」「自然の力」をさす言葉である。プーシキンの有名な詩「海に」（一八二四年）の冒頭の一節には、こうある。「さようなら、とらわれなき自然の営みよ！／わかれにのぞんでわたしのまえで／おまえは青い波をうちあげて／誇りたかい美しさにてりはえる」（金子幸彦訳、岩波文庫版）。この「とらわれなき自然の営み」とは「スヴァボードナヤ（自由な）・スチヒーヤ」である。プーシキンは束縛された自分と対比して、自由そのものであるような海を「スチヒーヤ」とよんだのであった。

これが民衆運動に使われた例は、一八七四年のトカチョーフのパンフレット『ロシアにおける革命的宣伝の任務』の中にみられる。彼は、革命は「平和的進歩」とは異なり「通常急速に、嵐のように、無秩序にすすむもので、疾風《ウラガーン》の性格、スチヒーヤ的な運動の性格を帯びている」と書いている。「真の革命の人民とは、その途上においてすべてを破壊し根絶する、つねに気ままに、無意識的に行動する嵐のようなスチヒーヤである。」トカチョーフは、この力が爆発したとき、「意識」ある「少数派は、もっぱらそれに、意味ある理性的な性格を付与するように努力し、ある目的に向かって導き、その粗野な感情的基礎を思想的原理に具象化する」としている。トカチョーフは「スチヒーヤ」を肯定するが、かならず「少数派」が指導しなければならない無意識的な存在として固定化している。

レーニンは『なにをなすべきか』の段階で、「スチヒーヤ」に対して両義的な態度をもっていたが、前面に出たのは否定的な評価であった。だが、革命が来て、彼は労働者の「スチヒーヤ」を讃美する。「スチヒーヤ」と意識の境には、もはや壁はないとされる。党の組織論もあらためられるのは、たんに政治的情勢の変化ではない。

ところで農民については、「切取地」綱領の誤りが認識されて、次第に、土地「国有化」論にかわっていくが、明らかになった農民の意識、土地私有一般の廃止をもとめる願いは、一種の虚偽意識ととらえられている。ブルジョワ的関係、資本主義の発展を望んでいるのに、それを反資本主義的＝小市民的社会主義的な言葉でくるんでいるとしたのである。ここでは「スチヒーヤ」は、正しい意識とは厳然と区別されている。

農民を社会主義へ導くという考えから「土地社会化」を最初から掲げ、一九〇五年の農民の立ち上がりを予想し、それと一体化していったエスエル党にあっては、農民の意識の中に未来の萌芽を見出そうという努力が払われていたのと、これは対照的である。

一　党と大衆

大衆の高揚と革命家の立ちおくれ

ロシアでは、大衆のスチヒーヤ的高揚がすこぶる急速におこった（いまもおこりつづけている）ため、社会民主主義的青年たちはこれらの巨大な課題を遂行する準備ができていなかった。この準備不足はわれわれの共通の不幸、ロシアのすべての社会民主主義者の不幸である。大衆の高揚は、それがはじまったところでとまらなかっただけでなく、また新しい地域と新しい住民層をまき込みながら（労働運動の影響のもとで学生、インテリゲンツィヤ一般、さらには農民の動きも活発になった）、跡絶えることなく、つぎつぎにうけつがれて、すすみ、広がっていった。革命家の方が、その「理論」においても、活動においても、この高揚に立ちおくれたのだ。運動全体を指導する能力のある、跡絶えることのない、継続性のある組織をつくり出すことができなかったのである。

（『なにをなすべきか』一九〇一年秋―一九〇二年二月）

実際、現在の運動の強みが大衆（主として工業プロレタリアート）の目ざめにあり、その弱点が指導者＝革命家の意識性と主導性の不足にあるということは、今日まで、いまだ誰ひとり疑ったものはないといってよい。（『なにをなすべきか』）

労働者の組合主義的意識

一揆がただ抑圧された人々だけの蜂起でしかなかったのに対して、系統的なストライキはすでにそれ自体階級闘争の萌芽を表わしていた。とはいえ、まさにその萌芽だけにすぎないのだ。そのものとしてみれば、これらのストライキはトレード・ユニオニズム的〔労働組合主義的〕闘争であり、いまだ社会民主主義的闘争になっていなかった。ストライキは労使間の敵対の芽ばえを表わしていたが、労働者には、彼らの利害が現在の政治的、社会的体制全体と非和解的に対立しているという意識、すなわち社会民主主義的意識がなかったし、あるはずがなかった。この意味で九〇年代〔一八九〇年代〕のストライキは、「一揆」〔一八七〇年代の〕とくらべて非常な進歩をとげていたにもかかわらず、純然たるスチヒーヤ的な運動の域にとどまっていたのである。

われわれは、労働者には社会民主主義的意識があるはずがなかったといった。それは外からしかもたらされえないものであった。あらゆる国の歴史が証明するところによれば、労働者階級は自分自身の力だけでは、せいぜいトレード・ユニオニズム的意識、すなわち団結して組合をつくり、雇主と闘争し、労働者に必要な、あれこれの法律を政府に公布せしめることが必要であるという確信をつくり出せるだけである。社会主義の学説の方は、有産階級に属する教養ある分子、インテリゲンツィヤによって究められてきた哲学理論、歴史理論、経済学理論から育ってきたものである。現代の科学的社会主義の創始者であるマルクスとエンゲルスは、自身は、その社会的地位からすれば、ブルジョワ・インテリゲンツィヤに属していた。ロシアでも、まったく同じように、社会民主主義の理論的学説は、労働運動のスチヒーヤ的な成長とは完全に別個に発生した。革命的＝社会主義的インテリゲンツィヤの中での思想発展の自然な、不可避的な結果として発生したのである。

（『なにをなすべきか』）

ブルジョワ・イデオロギーへの屈服

もしも自立したイデオロギーが問題にならないとすれば、労働者大衆自身がその運動の過程そのものでイデオロギーをつくり出すということが問題にならないとすれば、問題は次のように、のみ立てられる。ブルジョワ的イデオロギーか、さもなければ社会主義的イデオロギーか、と。この場合、中間はない（なぜなら、人類は、いかなる「第三の」イデオロギーもつくり出さなかったからである。それに階級矛盾にひきさかれている社会では、一般に、階級外的ないしは超階級的なイデオロギーはけっしてありえないからである）。この故に、社会主義的イデオロギーをいささかでも過小評価するなら、それからいささかでも遠ざかるなら、それはとりもなおさずブルジョワ・イデオロギーを強めることを意味するのである。スチヒーヤ性が云々されている。しかし、労働運動のスチヒーヤ的発展は、まさに労働運動がブルジョワ・イデオロギーに屈服することに向かっている。まさに「クレド」〔一八九九年にプロコポーヴィチ・クスコーヴァが出した宣言、労働者の経済闘争支持と自由主義的政治運動参加をよびかけた〕の綱領にそってすすんでいるのである。なぜなら、スチヒーヤ的労働運動はトレード・ユニオニズムであり、Nur-Gewerkschaftlerei〔唯組合主義〕であるが、トレード・ユニオニズムは、まさにブルジョワジーによる労働者の思想的隷属を意味するからである。したがって、われわれの課題、社会民主主義派の課題は、スチヒーヤ性と闘うことである。ブルジョワの庇護のもとに入ろうというトレード・ユニオニズムのこのスチヒーヤ的志向から労働運動をひきはなし、これを革命的社会民主主義の庇護のもとにひき込むことである。（『なにをなすべきか』）

スチヒーヤ的な労働運動はそれ自身としてはトレード・ユニオニズムしかつくり出しえない（不可避的にそれしかつくり出さない）が、労働者階級のトレード・ユニオニズム的政治は、まさに労働者階級のブルジョワ的政治である。労働者階級が政治闘争に参加しても、あるいは政治革命にすら参加しても、そのことだけでは彼らの政治はいささかも社会民主主義的政治にならない。

（『なにをなすべきか』）

階級的意識への道

階級的政治意識は、外からのみ、つまり経済闘争の外から、労働者と雇主の関係の圏外からのみ、労働者にもたらされうる。この知〔意〕識をくみとることのできる唯一の分野は、国家と政府に対するすべての階級と階層の関係という分野、すべての階級の相互関係の分野である。だから、労働者に政治的知〔意〕識をもたらすためには何をなすべきかという問に対しては、「経済主義」に傾いている実践家をふくめて、実践家が大部分の場合にそれで満足している答――「労働者のところに行け」という答を出すだけではだめなのだ。労働者に政治的知〔意〕識をもたらすためには、社会民主主義者は、住民のすべての階級の中に入っていかなければならない。自分の軍勢の部隊をあらゆる方面に派遣しなければならない。(『なにをなすべきか』)

もしも労働者が、ありとあらゆる横暴と抑圧、暴力と権力濫用の事例に対して、それがいかなる階級にかかわるものであろうとも、反応する、しかも他のいかなる観点からでもなく、まさに社会民主主義の観点から反応する修練をつんでいなければ、労働者階級の意識は真に政治的な意識ではありえない。もしも労働者が、具体的な、しかも絶対焦眉の(アクチュアルな)政治的事実や事件にてらして、他の社会階級の一つ一つをその知的、道徳的、政治的生活のすべての現われにおいて観察することを学んでいなければ、――すべての階級、階層、住民集団の活動と生活のすべての側面を唯物論的に分析し、唯物論的に評価することを実践的に学んでいなければ、労働者の意識は、真に階級的な意識ではありえない。労働者階級の注意、観察、意識をもっぱらそれ自身に、あるいは主としてそれ自身に、向けさせる者は、社会民主主義者ではない。

（『なにをなすべきか』）

社会民主主義者となるためには、労働者は、地主や坊主、高官や農民、学生や浮浪者の経済的本質と社会経済的相貌をくっきりと思い浮かべ、彼らの強みと弱点を知り、各々の階級と各々の階層が自らの利己的な衝動と自分の本当の「はら」をおおいかくすのに使っているお定まりの文句とありとあらゆる詭弁を見ぬくことができ、いかなる機関と法律があれこれの利害を反映しているか、まさにいかに反映しているかを見ぬくことができなければならない。ところで、このような「くっきりとしたイメージ」はどんな小冊子からもくみとることはできない。それを与えることのできるのは、現時点でわれわれのまわりに生起していること、誰も彼もが思い思いに語っていること、あるいはすくなくともささやきあっていること、これこれの事件、これこれの数字、これこれの判決等々という形で表現されていることの生々しい描写と間髪を入れぬ暴露だけである。このような全面的な政治的暴露こそが大衆の革命的積極性を涵養する必要かつ基本条件をなしている。（『なにをなすべきか』）

社会民主主義者の課題

社会民主主義派は、労働力販売の有利な条件を求めるだけでなく、無産者をして富者に身売りすることをよぎなくさせるような社会制度の廃絶をも目ざす労働者階級の闘争を指導する。社会民主主義派は、特定の企業家集団に対する関係においてだけでなく、現代社会のすべての階級、組織された政治的な力としての国家に対する関係においても、労働者階級を代表する。このことからして、当然ながら、社会民主主義者は経済闘争に限定することができないだけでなく、経済的暴露の組織が彼らの主要な活動をなしているという状態を容認することができない。われわれは、労働者階級の政治教育、その政治意識の発達に積極的にとりかからなければならない。〔……〕

それでは、政治教育とはいったいどういうものでなければならないか。労働者階級は専制に敵対しているという思想を宣伝することに限定してよいだろうか。もちろん、よくない。労働者に対する政治的抑圧を説明するだけでは不十分である（彼らの利害が雇主の利害と対立していることを彼らに説明するだけでは不十分であったように）。この抑圧の一つ一つの具体的な現われをとらえて煽動することが必要なのだ（ちょうどわれわれが経済的圧迫の具体的現われをとらえて煽動をはじめたように）。だが、この抑圧は種々さまざまな社会階級にのしかかっており、職業的であると一般市民的であるとを問わず、個人的であると家族的であるとを問わず、宗教的であると科学的であるとを問わず、さまざまな生活と活動の分野に現われているので、もしも専制の全面的な政治的暴露を組織することを引きうけないならば、われわれは労働者の政治意識を発達させるという自らの課題を果たすことにならないのは、明白ではないか。

〔……〕

ゼムスキー・ナチャーリニク〔各郡の貴族から数人任命され、村、郷の農民自治を監督し、農民に対して治安判事を代行した役人〕や農民に対する体刑、官吏の収賄や都市の「庶民」に対する警察の扱い方、飢民との闘争〔飢饉との闘争ではなく〕や光明と知識に対する人民の渇望への中傷、税の苛斂誅求《かれんちゅうきゅう》や新宗派への迫害、兵士へのしごきや学生と自由主義的インテリゲンツィヤに対する兵士の扱い方――これらすべての抑圧の現われ、その他同じような幾千の抑圧の現われは、「経済」闘争とは直接の関係はないが、政治煽動のための、政治闘争に大衆を引き入れるための手段・契機としては、なぜ一般に経済闘争ほど「広く用いうる」ものではないことになるのか。まさに正反対である。（『なにをなすべきか』）

事態はこうなのだ。労働者大衆はロシアの生活の醜悪事にすこぶる憤激しているのだが、われわれには、ロシアの生活から、われわれの想像以上にはるかに大量にしたたりおちているこの人民の憤激のしずくと細流を、いわば集めて、集中する力がないのである。まさにこれを単一の巨大な流れに結合すべきなのに。これが実現可能な課題であるということは、労働運動の巨大な成長と前述した政治文献に対する労働者の渇望によって、反駁の余地なく立証されている。

(『なにをなすべきか』)

全人民の護民官として

一言でいえば、トレード・ユニオンの書記はだれでも「雇主や政府に対する経済闘争」をおこなっているし、それを助けているのである。そして、これではまだ社会民主主義者にはならないこと、社会民主主義者の理想はトレード・ユニオンの書記ではなくて、護民官でなければならないこと、どこでおこったものであれ、いかなる階層や階級にかかわるものであれ、ありとあらゆる専横と抑圧の現われに反応することができ、これらすべての現われを綜合して、警察的暴力と資本家的搾取にかんする全一的な像をえがくことができ、一つ一つの些事を利用して、万人の前に自らの社会主義的信念と民主主義的要求を披瀝し、万人に向かってプロレタリアートの解放闘争の世界史的意義を説明することのできる護民官でなければならないことは、いくら力説してもしすぎることはないのである。

(『なにをなすべきか』)

現代では、革命勢力の前衛たりうるのは、全人民的な暴露を真に組織する党のみである。ところで、この「全人民的」という言葉は、すこぶる大きな内容をふくんでいる。労働者でない階級に属する告発者たちの大多数は（前衛になるためには、まさに他の階級を引きつけなければならない）、幻想をもたぬ政治家であり、冷静な実務家である。彼らは、「全能なる」ロシア政府はむろんのこと、もっとも下っぱの官吏にでも「苦情」を申し立てることがどんなに危険を伴うかを、よくよく承知している。そして、彼らがわれわれにその苦情のことで訴えてくるのは、この苦情申し立てが実際に効果を上げうること、われわれが一個の政治的な力をなしていることをみてとる場合だけである。第三者の目にそのような存在として映ずるには、われわれの意識性、主動性、エネルギーを高めるために、大いに、ねばり強く努力しなければならない。このためには、後衛の理論と実践に「前衛」のレッテルを貼るのでは不十分なのだ。

（『なにをなすべきか』）

職業革命家の秘密組織

社会民主主義派の政治闘争は、雇主や政府との労働者の経済闘争よりは、はるかに広く、複雑である。まったく同じように（その結果として）革命的社会民主主義党の組織は、そのような闘争のための労働者の組織とは、不可避的に、別の種類の組織でなければならない。労働者の組織は、第一に、職業上の組織でなければならない。第二に、できるかぎり広範な組織でなければならない。第三に、できるかぎり秘密でない組織でなければならない（もちろん私は、このさいもこれ以後も、専制ロシアだけを念頭において発言している）。これとは逆に、革命家の組織は、何よりもまず、主として、革命活動を職業とする人々を包括しなければならない（この故、私が革命家の組織というのは、革命家＝社会民主主義者を念頭においているのである）。そういう組織の成員がもつこの共通の標識を前にすれば、労働者とインテリゲンツィヤのあいだのあらゆる差異は完全に消し去られねばならない。両者の個々の職業の差異もいうまでもない。この組織は、必然的に、非常に広範なものであってはならず、できるかぎり秘密なものでなければならない。

（『なにをなすべきか』）

私が主張するのは、以下の通りである。⑴いかなる革命運動も、安定的な、継承性を保つ指導者組織をもたなければ、確固たるものたりえない。⑵スチヒーヤ的に闘争にひき入れられ、運動の土台をなし、運動に参加する大衆が広範になればなるほど、そのような指導者組織の必要性はますます切迫したものとなり、その組織はますます強固なものでなければならなくなる（なぜならあらゆるデマゴーグが、発達していない大衆の層の心をひきつけるのがますます容易になるからである）。⑶この組織は、主として、革命活動に職業的に従事する人々から構成されなければならない。⑷専制国では、職業的に革命活動に従事し、政治警察と闘う技術を職業的に訓練された成員が参加するだけに、組織の成員の顔触れを狭めれば狭めるほど、その組織を「つかまえ切る」のが難しくなる。他方⑸労働者階級の人であれ、その他の社会階級の人であれ、運動に参加して、その中で積極的に活動する可能性をもつ人々の顔触れは、かえって広くなるだろう。

（『なにをなすべきか』）

われわれには、この非難〔「人民の意志」主義を復活させるものだとの非難〕も、もとより自尊心をくすぐるものでしかない。なぜなら、まともな社会民主主義者で、「経済主義者」に「人民の意志」主義だと非難されなかった人があろうか。

この非難は二様の誤解から生まれている。第一には、わが国では革命運動史がお粗末にしか知られていないため、ツァリーズムに対して決戦を宣言する中央集権的な戦闘組織という考えはなんでも「人民の意志」主義とよばれるのである。しかし、七〇年代の革命家がもっていて、われわれすべてが手本にしなければならないあのみごとな組織は、「人民の意志」派によってつくり出されたのではまったくなく、「土地総割替」派と「人民の意志」派に分裂する前の「土地と自由」派によってつくり出されたのである。したがって、戦闘的革命組織に特殊な「人民の意志」派的なものをみるのは、歴史的にも論理的にも、馬鹿げている。なぜなら、どんな革命的傾向も、それが真剣に闘争しようと思えば、このような組織なしではすまされないからである。「人民の意志」派の誤りは、彼らが自らの組織にあらゆる不満をもつ人々をひき入れ、この組織を専制との決戦に向かわせるように努力したことにあるのではない。逆に、この点にこそ彼らの偉大な歴史的功績があるのだ。彼らの誤りは、本質的に革命的な理論ではまったくない理論に依拠したこと、自らの運動を発展途上の資本主義社会の内部における階級闘争と切りはなしがたく結合する能力も、余裕ももたなかったことにある。そして、大衆的、スチヒーヤ的労働運動が発生すれば、「土地と自由」派がもっていたような結構な組織をつくり出す、さらに比較にならないほど立派な革命家組織をつくり出す義務からわれわれはまぬがれるというような意見は、マルクス主義のもっとも粗雑な無理解から(あるいは「ストルーヴェ主義」流のマルクス主義の「理解」から)のみ生まれうるのである。反対に、このような運動はまさにそのような義務をわれわれに課すのである。なぜなら、プロレタリアートのスチヒーヤ的な闘争は、強固な革命家の組織に指導されないうちは、プロレタリアートの真の「階級闘争」になりえないからである。

第二に、多くの人が〔……〕社会民主主義者がつねにすすめてきた、政治闘争にかんする「陰謀主義的な」見解との論争を間違って理解している。われわれは、政治闘争を陰謀に狭めることに反対してきたし、これからもつねに反対していくつもりである。しかし、このことは、もとより強固な革命組織の必要性を否定することをまったく意味しなかった。たとえば、註であげたパンフレットの中では、政治闘争を陰謀に帰着させることに反対して論争することとならんで、「絶対主義に決定的な打撃をくわえるために」、「蜂起」にも、あらゆる「その他の攻撃方法」にも「訴える」ことのできるほどに強固な組織が（社会民主主義的理想として）えがかれている。その形態からすれば、専制国におけるこのような強固な革命組織は、「陰謀」組織ともよぶことができる。なぜなら、フランス語の「コンスピラシオン」はロシア語の「ザーガヴォル」と同義であり、秘密性《コンスピラチーヴノスチ》はこのような組織にとって、最大限に必要だからである。秘密性はこのような組織の必要条件であり、他のすべての条件（成員の数、その選択、機能等々）は、この条件に順応させられねばならない。この故に、われわれ社会民主主義者が陰謀組織をつくり出そうとしているという非難をうけないかと恐れるのは、この上ない無邪気さであろう。

（『なにをなすべきか』）

われわれの運動の活動家にとって唯一の真剣な組織原則となるべきものは、この上なく厳格な秘密保持、この上なく厳密な成員の選択、職業革命家の訓練である。これらの質がそなわるにいたれば、「民主主義」以上のもの、すなわち、革命家のあいだでの完全な同志的信頼が確保されるのである。ところで、この、より以上のものが、われわれには無条件で必要なのである。なぜなら、それを民主主義的な全般的統制でおきかえることは、わがロシアでは問題になりえないからである。

(『なにをなすべきか』)

現代のジャコバン派

多数派と少数派への分裂は、社会民主主義派が革命的社会民主主義派と日和見主義的社会民主主義派、モンタニャール派とジロンド派に分裂したことの直接的かつ不可避的な継続である。この分裂は、昨日になってはじめて、ロシア労働者党の中だけに現われたのではないし、確実に、明日になれば姿を消すものではない。

(『一歩前進、二歩後退』一九〇四年二―五月)

自らの階級的利害を意識したプロレタリアートの組織と分かちがたく結びついたジャコバン派、これこそ革命的社会民主主義者である。教授や中学生のことで心を痛め、プロレタリアート独裁を恐れ、民主主義的要求の絶対的価値についてなげくジロンド派、これこそ日和見主義者である。政治闘争を陰謀に狭める考えが文献上で幾千回も論破され、とうの昔に生活によって論破され、追い出されてしまった現在でも、大衆的政治煽動の枢要なる重要性が明らかにされ、吐き気をもよおすまでに噛んでふくめるように説明された現在でも、陰謀的な組織は危険だとみることのできるのは、日和見主義者だけである。陰謀主義、ブランキズムに対する恐怖の現実的基礎は、実践運動のあれこれ現われる特徴ではなく（ベルンシュタイン一派がそのようにみせかけようと以前からむだな努力をつづけている）、現代の社会民主主義者のあいだにもしばしばその心理が入り込んでいるブルジョワ・インテリのジロンド派的臆病なのである。

（『一歩前進、二歩後退』）

ペテルブルク労働者の革命的本能

〔一九〇五年〕一月三日プチーロフ工場ではじまったストライキは勢いをまして、労働運動のもっとも巨大な現象の一つになりつつある。われわれの情報は、目下のところ外国新聞とロシアの合法新聞の報道にかぎられている。しかし、この報道でも、ストライキがすでに巨大な意義をもつ政治的事件となったことに疑いはない。〔……〕

明らかに、運動はいまだ最高の発展段階に到達するにはほど遠いし、生起していることを全面的に評価するには、事件の展開を待たねばならない。目につくのは、運動が、おどろくほど急速に、純粋に経済的な地盤から政治的地盤へ移行していること、幾万、幾十万のプロレタリアートが巨大な連帯性とエネルギーを現わしていること、しかも、社会民主主義者の意識的な働きかけが欠如している、あるいはほんの僅かしかおこなわれていないにもかかわらず、こういうことがすべて生じているということである。運動の若干の指導者にあっては社会主義的見解が幼稚であり、労働者階級の一部の分子にあってはツァーリへの素朴な信頼が生きていることは、プロレタリアートの革命的本能によって突破することの意義を減ずるどころか、むしろ強めている。先進的な被抑圧階級の政治的抗議とその革命的エネルギーは、警察による禁止という外的障害も、若干の先導者の思想の未熟さと後進性という内的障害も、すべて突破している。過去一〇年間の社会民主主義派の工作とこの期間中の労働運動の教訓は、それなりの成果をあげて、社会主義と政治闘争の思想をもっとも広範な水路に注ぎ入れた。プロレタリアートは、一部の人々が意気地なく考えかねないように、ロシアの政治運動の舞台には、二つの勢力（専制とブルジョワ的公衆）だけがのっているのではないということを、実際に示したのである。

（「ペテルブルクのスト」一九〇五年一月）

この上ない歴史的大事件がロシアでおこっている。プロレタリアートはツァリーズムに対して蜂起したのだ。プロレタリアートは政府によって蜂起にまでいたらしめられた。政府が、軍事力の行使にまで事態をいたらしめることを望んで、わざと、比較的妨害せずに、ストライキ運動が発展し、大規模なデモンストレーションがはじまるのを許したことは、いまでは、ほとんど疑う余地がない。そして、政府はそこまでやってのけた。死傷者数千人——これがペテルブルクにおける一月九日、血の日曜日の結果である。軍隊は武器をもたない労働者、婦女子を打ちまかした。軍隊は地に伏していた労働者に銃撃を浴びせ、敵を征服した。「われわれは彼らにいい教訓を与えてやった」――ツァーリの使用人やヨーロッパの保守的ブルジョワジーの中の彼らの従僕たちは、いまなんともいいようもない冷笑とともに語っている。

そうだ、教訓は偉大なものであった。ロシアのプロレタリアートはこの教訓を忘れないであろう。素朴にもツァーリを信じ、「ツァーリ御自身」に、苦しみぬいた人民の願いを平和的に伝えようと心から望んでいた、労働者階級のうちのもっとも訓練されていない、もっともおくれた層、彼らはすべて、ツァーリかツァーリの叔父、ウラジーミル大公が指揮する軍隊から、教訓をえたのであった。

労働者階級は内戦の偉大な教訓をえた。プロレタリアートの革命的教育は、灰色の、日常的な、打ちひしがれた生活の数カ月、数年のあいだにもすすみえないほどの前進を、一日にしてなしとげたのである。「死か自由か！」という英雄的なペテルブルクのプロレタリアートのスローガンは、いまや全ロシアにこだましている。

（「ロシアにおける革命のはじまり」一九〇五年一月）

系統的な君主主義的宣伝によってプロレタリアートを堕落させることを目的として、政府の援助で設立された合法的なズバートフ〔革命運動と対抗するため、保安部のコントロールのもとに合法的労働者組織をつくった保安部の高官〕的労働者協会は、運動の低い段階では運動を組織し、横に広げるのにすくなからず貢献した。社会民主主義者はズバートフ派に、労働者階級の革命的本能とその連帯精神が一切のくだらない警察の術策に打ちかつであろうといってきたが、その通りのことがおこったのだ。もっともおくれた労働者がズバートフ派によって運動にひき入れられると、そこから先は、ツァーリ政府自身が労働者を前進させるように心がけてくれ、資本家の搾取自体が、彼らを、平和な骨の髄まで偽善的なズバートフ運動から革命的社会民主主義へ推しすすめてくれるであろう。プロレタリア的生活とプロレタリア的闘争の実践はズバートフ派の諸氏の一切の「理論」と一切の苦心に打ちかつであろう。そういっていた通りの結果になった。〔……〕

その規模からしてこれまでに見たこともないこのストライキのスチヒーヤ的成長は、組織された社会民主主義者の計画的な運動参加を、はるかに、はるかに追いぬいている。

（「第一歩」一九〇五年一月）

社会民主主義派は名前をつくり出し、傾向をつくり出し、労働者＝社会民主主義者のカードル〔要員〕をつくり出した。そして、英雄的なプロレタリアートが闘争のための用意と、はっきりと意識された目的を目ざして連帯して、ねばり強く闘う能力、純粋に社会民主主義的な精神で闘う能力とをもつことを実際に立証した現在、わが党に入ってくる労働者、明日にも中央委員会の招きによって入ってくる労働者は、一〇〇人中の九九人まで社会民主主義者であろうということを疑うのは、まったくおかしいことである。労働者階級は本能的に、スチヒーヤ的に、社会民主主義的であるが、一〇年以上にわたる社会民主主義派の工作はこのスチヒーヤ性を意識性に転化させるのに、すでに大変多くのことをなしている。同志諸君、恐怖を、想像でつくり上げてはいけない。生きた、発展しつつある党には、どれも、つねに不安定性、動揺、躊躇の要素があるものだということを忘れてはならない。しかし、これらの要素は、社会民主主義者のきたえぬかれた、結束した中核の働きかけに服しているし、これからも服すであろう。

（「党の再武装について」一九〇五年一一月）

党組織の改造

わが党の活動条件は根本的に変わりつつある。集会、結社、出版の自由は奪取された。もとよりこの権利は極度に不安定であり、現在の自由によりかかることは、犯罪的ではないとしても、狂気の沙汰であろう。決戦はまだ先のことであり、この闘争のために準備することが第一位におかれねばならない。党の秘密組織は存続させられねばならない。しかし、これと同時に、現在の、比較的広がった活動の空間をこの上なく大々的に利用することが無条件に必要である。秘密機構とならんで、つぎつぎに新しい公然・半公然の党組織（および党に同調する組織）をつくることが無条件に必要である。この最後の活動がなければ、われわれの活動を新しい条件に適応させることも、新しい課題を解決することも、考えられない。

組織を新しい基礎の上につくり直すには、新しい党大会が必要である。規約によれば、党大会は年一回ひらかれるので、一九〇六年五月にひらかれることになっているが、いまは大会の開催を早めることが必要である。もしもわれわれが現時点に乗ずることができなければ、われわれはそれを逸するであろう。――労働者が極度に痛感している組織への要求は、畸形的な、危険な形態にはけ口を見出し、ある種の「独立派」を強化するであろう、等々という意味である。新しく組織することを急がなければならない、新しいやり方を一般討議にかけなければならない、大胆に、決然と「新しいコース」を定めなければならない。〔……〕

かくして、課題は明らかである。すなわち、さしあたり秘密機構を存続させるとともに、新しい公然機構を発展させることとである。大会に適用してみると、この課題〔……〕は、規約に基づいて第四回党大会を招集すると同時に、いますぐ、ただちに選挙原理の適用をはじめるということになる。中央委員会はすでにこの課題を解決した。〔……〕

中央委員会の決定はすべての党組織からの代議員を大会に招いており、すべての労働者＝社会民主主義者に党組織に入るようよびかけている。このよき願いが実際に実現されるためには、労働者をたんに「招待」するだけでは不十分である。従来の型の組織の数をただふやすだけでは不十分である。そうだ、このためには、すべての同志が一緒になって新しい組織形態を、自主的に、創造的につくり上げることが必要である。このさい、あらかじめ定められた規範を指定することはしてはならない。なぜならこれはすべて新しい事業だからである。ここには地域の条件にかんする知識と、大事なことにはすべての党員の創意が注ぎ込まれねばならない。新しい組織形態、あるいはより正しくいえば、労働者党の基本組織細胞の新しい形態は、これまでのサークルとくらべて、無条件でより広いものでなければならない。その上、おそらくこの新しい細胞は厳密な形をもっていない、より「自由な」、より「ルーズな」組織でなければならないであろう。結社の自由が完全にみとめられ、住民の市民的権利が完全に保障された場合は、われわれは、もとよりいたるところに社会民主主義的な団体（労働組合だけでなく、政治団体、党の団体）をつくるべきであろう。現在の条件のもとでは、われわれの自由にできるあらゆる道や方法を使って、この目標に近づくよう努力しなければならない。　（「党の再武装について」）

党組織の諸原則

⑴党内の民主集中制の原則は現在一般にみとめられたものとなっている。

⑵現在の政治的諸条件のもとでこの原則を実施するのは、困難ではあるが、なお一定の限界内では可能である。

(3)党組織の秘密機構と公然機構を混同することは党にとって極度に致命的であり、政府の挑発の手にのるものであることがわかった。

以上の点を考慮して、われわれは次のことを承認し、大会にこれの承認を提案する。

(1)党組織における選挙制の原則は下から上まで実施されなければならない。

(2)この原則から逸脱すること、たとえば二段階選挙や選挙された機関への自主補充、等々をおこなうことは、警察による妨害に打ちかちがたい場合や、例外的な、特別に規定された場合にのみ許されうる。

(3)党組織の秘密中核を維持し、強固にすることが緊要である。

(4)あらゆる種類の公然たる行動（出版物、集会、団体、とくに労働組合、等々における）のためには、秘密細胞の保全をけっして害さないような特別の組織部門がつくられなければならない。

(5)党の中央機関は単一でなければならない。すなわち、全体の党大会が単一の中央委員会を選出し、これが党の中央機関紙編集部、等々を任命しなければならない。

（「統一大会に提出すべき戦術綱領」一九〇六年三月）

二　革命独裁・革命政府

プロレタリアートにとってのブルジョワ革命

マルクス主義は、商品生産に基礎をもち、資本主義的文明諸国と交易をおこなう社会は、一定の発展段階で自らも不可避的に資本主義の道に入る、と教えている。〔……〕

これらのマルクス主義の命題はすべて、一般的にも、特殊ロシアについても、きわめて詳細に論証され、嚙んでふくめるように説明されている。ところで、これらの命題からすれば、資本主義のいっそうの発展以外のなにものかに、労働者階級の救いを求めようとする考えは反動的である、とみなされるべきである。ロシアのような国では、労働者階級は、資本主義のために苦しんでいるというより、資本主義発展の不足のために苦しんでいるのである。この故に、労働者階級は、資本主義のもっとも広範な、もっとも自由な、もっとも急速な発展を、無条件に利益としている。資本主義の広範な、自由な、急速な発展を妨げている旧時代のあらゆる遺制を除去することは、労働者階級にとって無条件に有利である。ブルジョワ革命とは、旧時代の遺制、農奴制の遺制（専制だけでなく、君主制もこの遺制の一つである）をなによりも決定的に一掃し、資本主義のもっとも広範な、自由な、急速な発展をなによりも完全に確保するような、まさにそのような変革である。

だから、ブルジョワ革命はプロレタリアートにとって極度に有利である。ブルジョワ革命はプロレタリアートの利益のために無条件に必要である。ブルジョワ革命が、完全で、決然たるものであればあるほど、首尾一貫したものであればあるほど、社会主義を目ざすプロレタリアートのブルジョワジーとの闘争はそれだけ確実なものとなる。この結論を目新しく思ったり、奇妙で、逆説的なもののように思うのは、科学的社会主義のイロハを知らぬ者だけである。ところで、この結論からは、とりわけ、ある意味では、ブルジョワ革命は、ブルジョワジーよりもプロレタリアートにとって、より有利であるとの命題が出てくる。まさに、次のような意味で、この命題は疑う余地のないものである。すなわち、ブルジョワジーにとっては、プロレタリアートと対抗するために旧時代の若干の遺制、たとえば君主制、常備軍等々に依拠するのが有利である。ブルジョワジーにとっては、ブルジョワ革命があまりに決定的に旧時代の遺制を一掃してしまわずに、その一部をのこしておく方が、すなわち、この革命が完全には首尾一貫せず、最後まではすすまず、決然とした容赦ないものでない方が、有利なのである。

（『二つの戦術』一九〇五年六―七月）

マルクス主義者は、ロシア革命のブルジョワ的性格を無条件で確信している。このことは何を意味するか。これは、ロシアにとって必要となった政治制度の民主的改造と社会経済的改造が、これ自体としては、資本主義を破砕し、ブルジョワジーの支配を破砕するものでないどころか、かえって、広範にして、急速な資本主義発展、アジア的でないヨーロッパ的な資本主義発展のために、はじめて本格的に地盤をきよめ、階級としてのブルジョワジーの支配をはじめて可能にすることを意味している。（『二つの戦術』）

プロレタリアートと農民の革命的民主主義的独裁

いや、「ツァリーズムに対する決定的な勝利」を収める勢力たりうるのは、ただ人民のみ、すなわちプロレタリアートと農民だけ——農村や都市の小ブルジョワジーをこのどちらかにふり分けて、基本的な大勢力をとれば——である。「ツァリーズムに対する決定的な勝利」とは、プロレタリアートと農民の革命的民主主義的独裁である。わが新『イスクラ』派〔メンシェヴィキ〕は、『フペリョート』〔ボリシェヴィキの機関紙〕がとうの昔に指摘したこの結論から、どこへものがれることはできない。プロレタリアートと農民以外にはツァリーズムに対する決定的な勝利を収められるものはいないのだ。

そして、このような勝利は、まさに独裁となろう。すなわちそれは、「合法的な」「平和的な方法で」つくり出された機関にではなく、不可避的に、軍事力に、大衆の武装に、蜂起に立脚しなければならなくなるだろう。それは独裁でしかありえない。なぜなら、プロレタリアートと農民にとって、ただちに、かならず必要な改造の実現は、地主からも大ブルジョワジーからも、ツァリーズムからも、必死の抵抗をよびおこすからである。独裁なしには、この抵抗を粉砕し、反革命の企図を撃退することは不可能である。しかし、もとより、これは社会主義的独裁ではなく、民主主義的独裁である。この独裁は（革命的発展の多くの中間階梯をへずには）資本主義の基礎に手を触れることはできない。しかし、それは、もっともうまくいけば、農民のために土地所有の抜本的な再分配をおこない、共和制にいたるまでの首尾一貫した完全な民主主義を実行し、農村生活のみならず、工場生活からも、一切のアジア的、債務奴隷制的なものを根こそぎにし、労働者の状態の顕著な改善と彼らの生活水準の向上を開始させ、ついには、last but not least〔最後にいま一つ重要なことをいうが〕革命の火の手をヨーロッパに飛びうつらせることができる。このような勝利はまだけっしてわが国のブルジョワ革命を社会主義革命にするものではない。民主主義的変革はブルジョワ的社会経済関係の枠を直接こえ出ない。しかし、にもかかわらず、このような勝利の意義は、ロシアの将来の発展にとっても、全世界の将来の発展にとっても、巨大なものとなるであろう。ロシアではじまった革命のこの決定的な勝利ほど、全世界のプロレタリアートの革命的エネルギーを高めるものはないし、彼らの完全な勝利に導く道のりをこれほどに縮めるものはない。
（『二つの戦術』）

プロレタリアートと農民の革命的民主主義的独裁にも、この世のすべてのものと同じように、過去があり、未来がある。その過去は、専制と農奴制、君主制と特権である。この過去との闘争、反革命との闘争においては、プロレタリアートと農民の「意志の一致」は可能である。なぜなら利害の一致があるからである。

その未来は、私的所有との闘争、雇用労働者と雇主の闘争、社会主義を目ざす闘争である。この場合は意志の一致はありえない。この場合われわれの前にあるのは、専制から共和制への道ではなく、小ブルジョワ的民主共和制から社会主義への道である。
（『二つの戦術』）

臨時革命政府の構成

まさに同じように、同じ理由で、パルヴスの次の命題も正しくない。「ロシアにおける革命的臨時政府は労働者民主主義派の政府となるであろう。」「もしも社会民主主義派がロシアのプロレタリアートの革命運動の先頭に立てば、この政府は社会民主主義的政府となるであろう。」社会民主主義的臨時政府は「社会民主主義派を多数派とする統一ある政府となるであろう。」

もしも偶然的な、束の間のエピソードを問題にするのでなく、いくらかでも歴史に足跡をのこしうるような革命独裁を問題にするならば、このようなことはありえない。そうでありえないわけは、いくらかでも強固な（もちろん無条件で、というのではなく、相対的に、ということであるが）ものとなりうるのは、人民の圧倒的な多数者に依拠する革命独裁のみであるからである。だがロシアのプロレタリアートとなると、いまはロシアの住民中の少数者である。それが、巨大な、圧倒的な多数者になれるのは、半プロレタリアで、半経営主の大衆、すなわち都市と農村の小ブルジョワ的な貧民大衆と結合する場合のみである。そしてありうべき、かつ望ましい革命的民主主義的独裁の社会的基盤のこのような構成は、当然ながら、革命政府の構成に反映し、革命的民主主義派の種々雑多な代表者がこの政府に参加し、あるいはその中で優勢を占めることをさえ、不可避とするであろう。この点について、なんらかの幻想をいだくのは、きわめて有害であろう。むだ口屋のトロツキーは、いま（残念ながらパルヴスとならんで）「司祭ガポンの登場が可能なのは一度だけだ」とか「第二のガポンが出る余地はない」とか書いているが、こんなことを書くのは、ひとえに彼がむだ口屋であるせいである。もしもロシアに第二のガポンが出る余地がないのなら、わが国には、真に「偉大な」、最後まで行きつく民主主義革命の余地もないであろう。偉大な革命となるためには、一八四八―五〇年ではなく、一七八九―九三年を思わせ、それを越えるようなものとなるためには、革命は、巨人のような大衆を積極的な生活に、英雄的な努力に、「根本的な歴史創造」に立ち上がらせる、恐るべき闇黒から、信じられない野蛮さと光のない愚かさから立ち上がらせることが必要である。革命はすでに彼らを立ち上がらせつつあり、また立ち上がらせるであろう。この仕事を政府自身がそのけいれん的な抵抗によって容易にしている。しかし、当然ながら、このような大衆とその多数の「独特な」、人民的な、場合によってはムジーク〔百姓〕的な先導者たちが、考えぬかれた政治的意識、社会民主主義的意識をもっているなどということは、考えられない。彼らは、いますぐには、一連の革命的な試練をへないでは、社会民主主義者になれないが、それは無知であるためではなく（くりかえしていうが、革命はおとぎ話に出てくるような早さで蒙をひらくものだ）、彼らの階級的立場がプロレタリア的でなく、歴史発展の客観的論理が、現時点において彼らに対してまったく社会主義的ではない、民主主義的変革の課題を提起しているためなのである。

そして、革命的プロレタリアートはこの変革に全エネルギーを注いで参加し、ある人々のみじめな追随主義と他の人々の革命的空文句をふりすてて、目のまわるような事件の旋風の中に階級的明確さと意識性をもち込み、倦《う》むことなく大胆に前進し、革命的民主主義的独裁を恐れず、熱烈にそれを望み、共和制と完全なる共和制的自由、真剣な経済改革を目ざして闘い、かくして、真に広い、真に二〇世紀にふさわしい、社会主義を目ざす闘争の舞台を自分たちのためにつくり出すであろう。

（「社会民主主義派と臨時革命政府」一九〇五年三月）

エスエル政府と社会民主主義派

革命的民主主義派は存在するか。もちろんイエスだ。〔……〕革命的民主主義派は「わずかのびる」だけで、プロレタリアートはぐんぐんのびるとトロツキーがいうのを、エリ・マルトフはあえて信じているが、まちがっている。むしろ逆なのだ（合法的ジャーナリズム、広範なインテリゲンツィヤ、彼らの農民との結びつき等々は、すこぶる急速に回復されるだろう）。

〔……〕

「もっとも革命的である。」だが、エスエルは？ エスエルと社民との闘争。非常にありうるのは、社民がエスエルの革命政府から脱退し、彼らの経営の終わりを待たずに、その「革命的冒険主義」に対して野党となることである。……（エスエルを典型として、革命的民主主義者がエスエルの色をおびることとの不可避性）。この場合どんなことがあっても、手をしばられるな。プロレタリアートの組織性と規律、革命的インテリゲンツィヤと革命的小ブルジョワジーの「冒険主義」と不安定性……。

（「プロレタリアートと農民の革命的民主主義的独裁」ノート、一九〇五年四月）

臨時革命政府にかんする決議案

(1)ロシアのプロレタリアートの直接的な利益からしても、社会主義の究極目標を目ざすこの闘争の利益からしても、可能なかぎり完全な政治的自由が必要とされており、したがって専制的統治形態を民主共和制にとりかえることが必要とされている。

(2)人民の武装蜂起が完全に成功した場合、すなわち専制が打倒された場合、臨時革命政府の創設が必然的によびおこされる。臨時革命政府のみが煽動の完全な自由を確保し、秘密投票による普通、直接、平等の選挙法に基づいて選出され、人民の至高の意志を真に表現する憲法制定会議を招集することができる。

(3)ロシアにおけるこの民主主義革命は、ブルジョワジーの支配を弱めずに、むしろ強化するであろう。ブルジョワジーは、一定の時点がくれば、不可避的に、なにごともはばかることなく、ロシアのプロレタリアートから、革命期の獲得物のできるかぎり大きな部分をうばいとろうとするであろう。

以上の諸点を考慮して、ロシア社会民主労働党第三回大会は、次のように決定する。

(イ)労働者階級のあいだに臨時革命政府が必要であるとの信念を広め、わが党の綱領の当面の政治的、経済的要求のすべてを即時完全実施する条件を労働者集会で討議すべきである。

(ロ)人民蜂起が勝利し、専制が完全に打倒された場合は、わが党の全権代表が、一切の反革命的な企図と容赦なく闘い、労働者階級の独自の利害を擁護するために、臨時革命政府に参加することは許される。

(ハ)そのような参加の必要条件は、全権代表に対して党が厳格な統制を加えることと、完全な社会主義的変革を目ざし、そのかぎりですべてのブルジョワ政党に対して非妥協的に敵対している社会民主主義派の独立性を不断に守ることである。

(ニ)臨時革命政府に社会民主主義派が参加することが可能になるかいなかにかかわりなく、革命の獲得物を守り、強固にし、拡大するために、社会民主主義派によって主導された武装プロレタリアートが臨時革命政府にたえざる圧力を加えることが必要だという考えを、プロレタリアートのもっとも広範な層のあいだに宣伝すべきである。

(「第三回大会に提案された決議案」一九〇五年四月)

ブルジョワ革命と社会主義的変革

ロシアの経済的発展の程度(客観的条件)と広範なプロレタリアート大衆の意識性と組織性の程度(客観的条件と分かちがたく結びついた主観的条件)からして、労働者階級の完全な解放を即時おこなうことは不可能である。生起しつつある民主主義的変革のブルジョワ的性格を無視できるのは、もっとも無知な人々だけである。労働者大衆も社会主義の目標とその実現方法についてまだあまり知っていないということを忘れることのできるのは、もっとも素朴な楽天家だけである。ところで、われわれはみな、労働者の解放が労働者自身によってしかおこなわれえないということを確信している。大衆の意識性と組織性がなければ、全ブルジョワジーを向こうにまわした公然たる階級闘争によって大衆が訓練と教育をつまなければ、社会主義革命を語ることはできない。だから、われわれがあたかも社会主義的変革を先に延ばしているかのようにいうアナーキスト的見解に対しては、われわれは次のようにいいたい。われわれは社会主義的変革を先に延ばしたりしていない、むしろ、唯一確実な道を通って、すなわち民主共和国の道を通って、唯一可能な方法で第一歩を踏み出しているのである、と。政治的民主主義以外の別の道を通って社会主義へすすもうとする人は、かならず、経済的にも、政治的にも、馬鹿げた、反動的な結論に到達するであろう。もしも労働者のうちのだれかがしかるべきときに、われわれに向かって、なぜ最大限綱領を実現してはならないかとたずねたら、われわれは、民主主義的な気分の人民大衆が社会主義に対してはまだどんなに無縁であるか、階級矛盾がまだどんなに発達していないか、プロレタリアがまだどんなに組織されていないか、を指摘して、答にしようと思う。

（『二つの戦術』）

民主主義的変革はブルジョワ的なものである。「土地総割替」、あるいは「土地と自由」といったスローガン——打ちひしがれ、無知であるが、光明と幸福を熱烈に求めている農民大衆の、この広く知れわたったスローガンも、ブルジョワ的なものなのである。しかし、われわれマルクス主義者は、ブルジョワ的自由とブルジョワ的進歩の道以外には、プロレタリアートと農民の真の自由へいたる道はないし、ありえないということを知らなければならない。われわれは、完全な政治的自由、民主共和国、プロレタリアートと農民の革命的民主主義的独裁以外には、社会主義を近づける別の手段は現在ないし、ありえないということを忘れてはならない。われわれは、先進的で、唯一革命的な階級、保留も、疑いもない、うしろを振りかえることもない革命的な階級の代表者として、民主主義的変革の課題を全人民に向かって、できるかぎり広く、大胆に、創意をこらして提起しなければならない。この課題を低めることは、理論的には、マルクス主義の戯画、マルクス主義の俗物的歪曲であり、実践的、政治的には、革命の首尾一貫した遂行から不可避的に逃げ出すブルジョワジーの手に革命の事業を引きわたすことである。

（『二つの戦術』）

プロレタリアートは、実力で専制の抵抗を打ちくだき、ブルジョワジーの動揺性を麻痺させるために、農民大衆を味方につけて、民主主義的変革を最後までやりとげなければならない。プロレタリアートは、実力でブルジョワジーの抵抗を粉砕し、農民と小ブルジョワジーの動揺性を麻痺させるために、住民中の半プロレタリア的分子の大衆を味方につけて、社会主義的変革をなしとげなければならない。〔原文は全文強調〕（『二つの戦術』）

跡切れることのない革命

なぜなら、われわれは、民主主義革命からただちに移行しはじめる、まさにわれわれの力、自覚的な、組織されたプロレタリアートの力に応じて、社会主義革命へ移行しはじめるからである。われわれは跡切れることのない革命を主張する。われわれは中途で立ちどまりはしないであろう。われわれがいますぐ、この場でいかなる「社会化」も約束しないのは、われわれがこの課題の実際の条件を知っており、農民の内部に熟しつつある新しい階級闘争をぼかさずに、明るみに出すためである。

われわれは、まず地主と闘う農民一般を、最後まで、あらゆる手段をつくして、没収にいたるまで、支持するであろう。それから（あえていえば、それからのことではなく、同時に、である）われわれは、農民一般に反対してプロレタリアートを支持するであろう。革命（民主主義的）の「翌日」における農民内部の力の組合せをいま数えることは、空虚なユートピアである。冒険主義に陥ることなく、自らの科学的良心を裏切ることなく、安価な人気を追い求めることなく、われわれは、ただ一つのことをいうことができるし、それを語るのである。すなわち、われわれが全力をあげて、農民が民主主義革命をおこなうのを助けるのは、われわれプロレタリアートの党ができるかぎり早く、新しい、より高い課題——社会主義革命にうつるのがそれだけ容易になるようにするためである。われわれは、今日の農民蜂起の勝利から、いかなる調和も、いかなる平等性も、いかなる「社会化」も約束しない。それどころか、われわれは、新たな闘争、新たな不平等、新たな革命——それをまさにわれわれは目ざしているのだ——を「約束する」。われわれの学説はエスエルのむだ話のように、「あまく」ない。あまいものだけをのませてもらいたい人はエスエルのところへ行くがいい。われわれはそういう人々には、どこへでもどうぞ、といいたい。

（「農民運動に対する社会民主主義派の態度」一九〇五年九月）

三　農民観・農業綱領

最初の農業綱領

しかし、わが国の農民は、すでにみたように、資本の圧迫に苦しむばかりでなく、いやそれ以上に、地主の圧迫と農奴制の遺制とに苦しんでいる。農民の状態を測り知れないほど悪化させ、その手足をがんじがらめにしているこれらの桎梏《しっこく》に対する容赦ない闘争は、可能であるばかりか、国の社会発展全体の利益のために必要でもある。なぜならムジークのどうにもならない貧困、無知、無権利、卑屈は、わが祖国のあらゆる秩序にアジア的なるものの刻印を押しているからである。そして社会民主主義派は、この闘争にあらゆる支持を与えないならば、自らの責務を果たさないことになるだろう。この支持は、簡単にいえば、農村に階級闘争をもちこむことだと表現される。

（「労働者党と農民」一九〇一年二月）

われわれは、買戻し賦払金とオブローク税を即時全廃せよとの要求、奴隷所有者の貪欲をみたすために長年にわたりツァーリ政府がしぼりとってきた数億の金を人民に返せという要求をかかげよう。農民の土地不足だとか、農民的土地所有を拡大するのに国家援助が必要だとか、いう者がいる。われわれはこれに対して、まさに国家援助――もとより地主への援助――のおかげで、農民はあのように多くの場合、彼らにとって必要この上ない土地をうばわれたのだ、といいたい。われわれは、強制的な、債務奴隷的な賦役的労働、すなわち実質上同じ農奴的労働を存続せしめる手段となっている切取地〔一八六一年の農奴解放のさい、農民はそれまで保有していた分与地の一部を旧農奴主に切り取られた〕を農民に返還せよという要求をかかげよう。われわれは、ツァーリ権力によってつくられた貴族委員会が解放された奴隷たちに対して加えた驚くべき不義不正をただすために、農民委員会を設置せよ、という要求をかかげよう。われわれは、農民のどうしようもない立場につけこんで、地主がとりたてている法外に高い地代を引き下げる権限をもつ裁判所、農民が、他人の極度の窮状を利用して債務奴隷的契約を結ぶ連中を高利貸行為の故に告発する権利をもつ裁判所の設置を要求しよう。

（「労働者党と農民」）

われわれが自分の綱領に農民的要求を入れなければならないのは、信念をもった社会民主主義者を都市から農村へよび出すためでもないし、彼らを村にしばりつけるためでもない。そうではなくて、農村でしか活用されえない勢力に活動のための指針を与えるためであり、少なからぬ数の献身的な社会民主主義的インテリゲンツィヤと労働者がなんらかの事情でもちあわせている農村との結びつき、運動の成長とともに必然的に拡大し、増大していくこの結びつきを、民主主義の事業と自由を目ざす政治闘争のために利用するためである。

（「労働者党と農民」）

だが、労働者は屈しない。彼らは闘争をつづけている。彼らはいう。いかなる迫害も、牢獄も、流刑も、苦役も、死も、おれたちは恐れない。おれたちのやっていることは正しいことなのだ。おれたちはすべての働く者の自由と幸福のために闘っている。おれたちは暴力、圧迫、貧困から幾千万、幾億の人民を救うために闘っているのだ。労働者はますます意識的になっていく。社会民主主義者の数はあらゆる国で急速にふえている。いかなる迫害があろうとも、おれたちは勝利するのだ。

村の貧乏人は、この社会民主主義者とはどういう人々なのか、彼らは何を望んでいるのか、彼らが人民のために幸福をかちとろうとしているのを助けるには、村でどう行動すべきなのかを、はっきりと理解しなければならない。

（『貧農に訴える』一九〇三年三月）

階級としての農民

「旧来の農奴制度の遺制」はわが国の農村ではまだおそろしく大きい。これは周知の事実である。雇役と債務奴隷制、農民の身分的、市民的権利の不完全さ、笞《むち》で武装した特権的地主に対する従属、農民を本物の野蛮人にする日常的な辱め――これらすべてのことはロシアの農村では、例外ではなくて通則である。そして、これらすべてのことは究極的に農奴制度の直接的遺物である。このような秩序がいまだ支配している場合や関係においては、またこのような秩序がいまだ支配しているかぎりは、総体としての全農民がその敵として現われる。農奴制に対しては、農奴主的地主と彼らに奉仕する国家に対しては、農民はなお階級でありつづける。まさに資本主義社会の階級ではなく、農奴制社会の階級、すなわち、身分としての階級である。そして「農民」と特権的地主という農奴制社会に固有なこの階級対立が、わが国の農村に存続しているかぎりは、労働者党は、疑いもなく、「農民」の側に立ち、その闘争を支持し、農奴制のすべての遺制との闘争に彼らを押しやらなければならない。

われわれが農民という言葉を括弧に入れるのは、この場合いかなる疑いも入れない矛盾が存在することに注目するからである。現代社会においては、農民は、もとより、もはや単一の階級ではない。しかし、この矛盾に困惑を感じる者は、この矛盾が叙述や教義の矛盾ではなく、生活そのものの矛盾であることを忘れているのだ。これは作文でつくり上げた矛盾でなく、生きた弁証法的矛盾である。わが国の農村において農奴制社会が「現代的」(ブルジョワ的)社会によってしめ出されていくかぎり、農民はそのかぎりで階級でなくなっていき、農村プロレタリアートと農村ブルジョワジー（大、中、小、極小の）に分解していく。しかし、農奴制的関係がなお存続しているかぎりは、「農民」はそのかぎりで、なお階級でありつづけているのである。

（「ロシア社会民主主義派の農業綱領」一九〇二年二―三月）

立ち上がりつつある階層の代表者たち自身は何について語っているであろうか。土地について、土地の追加分与について、割替についてである。ところで、ここにはなんでもある。ここには、「半社会主義的綱領」、「完全に正しい原理」、「明るい理念」、「萌芽的な形態ではすでに農民の頭の中に生きている理想」等々がある。なすべきことは、「この理想を純化し、仕上げること」、「社会主義の純粋の理念」を引き出すことだけである。読者よ、あなたは信じられないか。最新の書物が教えてくれることを、あんなにすばやくくりかえす人々が、このようなナロードニキの古着をまたもやこの世に引っぱり出してくるとは、あなたには信じられないことにみえるだろう。ところで、これは事実であり、われわれが引用した言葉はすべて『革命ロシア』〔エスエルの機関紙〕第八号掲載の「農民同盟より」の声明からとったものである。

エスエルは『イスクラ』が、この農民運動を最後の農民反乱とよんで、早くも安らかに成仏せよと引導をわたしたといって、非難している。彼らは教えてくれる。農民はプロレタリアートの社会主義運動にも参加することができるのだ、と。この非難は、エスエルの思想のまったくの混乱ぶりを明瞭に示している。彼らは、農奴制の遺制に反対する民主主義運動とブルジョワジーに反対する社会主義運動とは別のものだということすらわきまえていないのだ。

（「革命的冒険主義」一九〇二年七月）

土地総割替と国有化

土地総割替〔ロシア語でチョールヌイ・ペレヂェールといい、すべての土地が働く者に平等に分配される農民の理想をさす〕という要求にあって、反動的なのは、小農生産を普遍化し、永久化するというユートピアであるが、それには（「農民」が社会主義的変革の担い手たりうるかのようにみるユートピアの他に）革命的側面もある。すなわち、農民蜂起によって農奴制度の一切の遺制を一掃しようという願望である。われわれの意見では、切取地を返せという要求は、農民の、二面的で矛盾した要求全体の中から、まさに、全社会発展の方向にのみ革命的に作用しえ、したがってプロレタリアートの支持に値するものを取り出しているのである。〔……〕

土地国有化は別の問題だ。この要求は（それを社会主義的な意味においてでなく、ブルジョワ的な意味において理解すれば）切取地を返せという要求よりも、実際に「すすんでおり」、われわれも原則的にはこの要求に完全に賛同する。一定の革命的な時点では、われわれは、もとよりこの要求を押し出すことを拒まない。しかし、われわれは現在の自分たちの綱領を、革命的蜂起の時代のためだけに作成しているのではなく、政治的隷属の時代、政治的自由に先行する時代のために作成しているのである。ところで、そのような時代には、土地国有化の要求は、農奴制との闘争という意味での民主主義運動の直接的課題をはるかによわくしか表現しない。農民委員会をつくれという要求と切取地を返せという要求は、農村におけるいまの階級闘争を直接燃え上がらせるものであり、したがって、国家社会主義の精神でのいかなる実験にも口実を与ええないのである。逆に、土地国有化の要求は、農奴制のもっとも鮮明な現われとそのもっとも強力な遺制から、ある程度まで注意をそらすものである。この故に、われわれの農業綱領は、農民の中で民主主義運動を推しすすめる手段の一つとして、いますぐ押し出しうるし、押し出さねばならない。だが、専制のもとだけでなく、半立憲君主制のもとでも、国有化の要求を押し出すことは、端的にいって誤りであろう。なぜなら、民主主義的政治機関が完全に強固となり、深く根づくことが欠如している場合は、この要求は、「農村における階級闘争の自由な発達」に刺激を与えるよりは、国家社会主義の馬鹿げた実験の方に、人々の考えを、むしろはるかに、そらせるからである。

だからこそわれわれは、現代社会制度を土台にするわが党の農業綱領の最大限は農民改革の民主主義的再検討以上にすすんではならないと考えるのである。

（「ロシア社会民主主義派の農業綱領」）

もとより、事実上、連帯保証制が廃止され（この改革ならヴィッテ氏〔ツァーリ政府の開明的政治家。一九〇三年に連帯保証制の廃止を実現〕は革命の前にも、おそらく実現できるだろう）、身分的区分が撤廃され、一人一人の個々の農民にとって移動の自由と土地処分の自由がみとめられれば、現在の土地共同体の四分の三をなしている徴税的＝農奴制的重荷は、不可避的に、急速に消滅するにいたるだろう。しかし、このような結果はわれわれの共同体観の正しさを証明するのみで、共同体が資本主義の社会経済的発展全体と両立しえないことを証明するものである。この結果は、われわれが勧める、なんらかの「反共同体」的方策によって引きおこされるのではけっしてないだろう。なぜなら、農民的土地慣行制度のあれこれに直接反対するただ一つの方策も、われわれはけっして擁護したことはないし、これからも擁護しないであろうからである。それどころか、地方行政の民主主義的組織としての共同体、仲間的同盟あるいは隣人的同盟としての共同体なら、われわれは、一切の官僚的侵害行為――『モスクワ報知』〔反動派の右翼新聞〕の陣営に属する共同体の敵がとくに好んでいる侵害行為から、無条件で擁護するであろう。われわれは、いついかなるときであれ、何人であれ、「共同体を破壊する」のを助けることはしないであろう。しかし、われわれは民主主義に矛盾する一切の制度の廃止を達成するために、無条件に努力するつもりである。たとえこの廃止の影響が土地の抜本的割替や部分的割替等々にどのように及ぼうとも。

（「ロシア社会民主主義派の農業綱領」）

　われわれは、いましがた、農民のわるい助言者〔エスエル〕のことを述べた。これらのわるい助言者たちは、農民にはすでに同盟がある、と好んで次のようにいう。この同盟とは、ミール〔共同体、共同体の総会をさす〕、村団〔法律で決められた農民の地域的・身分的自治団体〕のことである。ミールは大きな力だ。ミールの結合は農民をかたく団結させる。ミール農民の組織（すなわち団体、同盟）は巨大である（すなわち膨大な、無限のものである）、と。

　これは正しくない。こんなことはおとぎ話だ。善良な人々が考え出したものではあっても、やはりおとぎ話だ。もしもおとぎ話に耳をかすなら、われわれは自分たちの事業、村の貧乏人と都市労働者との同盟の事業を、だいなしにするばかりである。農村に住んでいる人は自分のまわりをよく見ていただきたい。ミールの結合や村団が、すべての富者、他人の労働で生活しているもののすべてと闘うための貧乏人の同盟というようなものかどうか。いや、そんなものではないし、そんなものではありえない。どの村にもどの村団にも、多くの窮乏化した農民がおり、また雇農をやとい、土地を「永久に」買いとっている金持がいる。これらの金持も村団の成員であり、彼らは力をもつので、村団の中を牛耳っている。ところでわれわれに必要なのは、富者が入っていて、富者が牛耳っているような同盟であろうか。まったくちがう。われわれに必要なのは、富者との闘争のための同盟である。つまりミールの同盟はまったくわれわれの役に立たないのだ。〔……〕

いまわれわれに必要なのは、ミールの同盟ではなく、貨幣の権力、資本の権力と闘う同盟、村団をこえたすべての農村労働者と無産農民との同盟、地主および富農と同じように闘うための、村の貧乏人全体と都市労働者の同盟である。

（『貧農に訴える』）

農民革命のはじまり

農民蜂起がはじまっている。方々の県から、農民が地主の屋敷をおそったとか、農民が地主の穀物、家畜を没収しているとかの報道が入ってくる。満州で日本軍にさんざんな目にあわされたツァーリの軍隊は、武器をもたぬ人民に仇討をしている、国内の敵——村の貧乏人たちに向けて遠征をくわだてている。都市の労働者は革命的農民という新しい同盟者を獲得している。

（「プロレタリアートと農民」一九〇五年三月）

現実は何よりもよく、ありとあらゆる理論上の意見の不一致を解決してくれるので、私は、革命的事件の急速な進行が社会民主主義派のあいだでの農業問題にかんするこうした意見の不一致をものぞいてくれると確信している。ありとあらゆる土地改革にかんして空想的な案づくりをすることがわれわれの仕事ではないこと、われわれはプロレタリアートとの結びつきを強化し、農民運動を支持しなければならないが、このさい農民＝経営主の所有者的傾向――プロレタリアートに対するこの傾向の敵対性は、革命が急速に前進すればするほど、すみやかに、鋭く現われるであろう――を見失ってはならないこと、こういうことは何人ももはや否定すまい。

だが、他方で、際会している革命的時点が完全に明確な具体的スローガンを必要としていることは明らかである。このようなスローガンとなるべきものは、革命的農民委員会の形成であるが、わが党の農業綱領は、まったく正しくこのスローガンを提起している。農民運動の中には、無知と無自覚性が多く、この点でなんらかの幻想を抱くことは極度に危険であろう。ムジークの無知は何よりもまず運動の政治的側面の無理解に――たとえば国家全体の全政治制度に抜本的な民主主義的改造を加えねば土地所有の拡大に向かって強固な歩みを踏み出すことはまったく不可能であることを理解していないことに、現われている。農民には土地が必要であり、その革命的感情、その本能的な、原始的民主主義は地主の土地に手をつけること以外には表出されえない。もとよりこのことを否定しようとするものはない。だがエスエルは、このぼんやりした農民の志向に階級的分析を加えることをせず、この状態にとどまっている。社会民主主義者は、このような分析に基づいて、次のように主張する。すなわち、全農民は切取地返還の要求以上には結束してすすむことはとてもできないだろう。なぜなら、そのような土地改革の限界をこえれば、農村プロレタリアートと「経営上手なムジーク」との敵対がはっきりとあらわれるのは不可避であるからである、と。（「わが党の農業綱領について」一九〇五年三月）

われわれは今日の農民運動を、農奴制との闘争、地主および地主国家との闘争とみる。この闘争をわれわれは最後まで支持する。このような支持のための唯一の正しいスローガンは、革命的農民委員会による没収である。没収された土地がどうなるかは、二義的な問題である。そのことを解決するのは、われわれでなく農民であろう。これを解決するさいには、まさに農民の中にプロレタリアートとブルジョワジーの闘争がはじまるであろう。だからこそわれわれは、この問題を未解決のままにとどめるか〔……〕、われわれとしては、切取地の取り上げという形で道の開始を指摘するだけにとどめるか〔……〕のいずれかなのである。

現在のロシアで避けられない土地改革が革命的民主主義的な役割を果たすためには、ただ一つの手段しかない。それは、この改革を、農民自身の革命的イニシャティヴによって、地主と官僚に刃向かい、国家に刃向かってなしとげること、すなわち革命的方法によってなしとげること、である。このような改造のあとでは、どんなに拙劣な分配も、あらゆる観点よりみて現在のそれよりましであろう。

（「社会主義と農民」一九〇五年一〇月）

綱領の改訂

1　協議会は、以下のことをみとめる。農民運動の発展は、農奴制の遺制を破壊し、農村に自由なブルジョワ的関係をつくり出す、この運動の革命的性格についても、その真の社会経済的本質についても、革命的マルクス主義の基本的、原則的な見解を完全に裏書きした。協議会は、わが党の農業綱領を次のように変更することがのぞましいと考える。切取地条項を削除する。その代わりに、党は、すべての国有地、教会有地、修道院有地、皇族領地、皇帝官房有地、私有地の没収にいたるまでの農民の革命的措置を支持する。それとともに、農村プロレタリアートを独自に組織し、彼らに彼らの利害と農村ブルジョワジーの利害とが非和解的に対立していることを説明し、それのみが、社会の階級への分裂と人間による人間の一切の搾取とを廃絶しうる社会主義の究極目標を指し示すことを、自らの主要かつ恒常的な任務とする。

2　協議会は、買戻し賦払金を返せという要求とこうしてえられた額から特別フォンドをつくれという要求を農業綱領からけずるという希望を表明する。国有地、修道院有地等々の土地を没収せよとの要求は別の条項にうつすこと。

（「タンメルフォルスにおける『多数派』協議会の農業問題についての決議」一九〇五年一二月一二―一七日）

われわれは、現在の農民運動の一般的な、最終的な結果を考慮すべきであり、それを個々の事例や細部におぼれさせてはならない。全体としてロシアの現在の地主経営は、資本主義的経営制度よりは農奴制的・債務奴隷制的制度によって、維持されている。このことを否定するものは、ロシアにおける今日の広範な、深い革命的農民運動を説明しえない。切取地を返せという要求をかかげたときのわれわれの誤りは、農民のあいだでの民主主義的な運動の広がりと深みを十分に評価しなかったことにある。革命がわれわれに多くを教えてくれたいまとなっては、この誤りに固執することは愚かである。資本主義の発展には、地主地全体の没収は、資本主義的大経営の分割からくるマイナスをはるかに上まわるプラスを与えてくれる。分割は資本主義を廃絶しないし、それを後退させもしない。それどころか、その(資本主義の)新たな発展のための地盤を巨大な程度に清め、一般化し、拡大し、強化するのである。われわれは、農民運動の背丈を制限するのはけっして社会民主主義者のすべきことではない、とつねにいってきた。だが現在では、すべての地主地を没収せよという要求を拒むことは、明らかに明確になった社会運動の背丈を制限することであろう。

(「労働者党の農業綱領の改訂」一九〇六年三月)

この運動は、あらゆる根深い人民運動と同じように、農民の巨大な革命的熱情と革命的エネルギーをすでによびおこしたし、いまもよびおこしつづけている。土地に対する地主の所有、地主的土地所有と闘う中で、農民は必然的に一切の土地私有一般の廃止を要求するまでにすすみつつあり、すでにその先進的代表者においては、そこに到達している。

土地に対する全人民的所有という考えが今日農民のあいだにきわめて広く流れているということは、いささかの疑いも入れえない。そしてまた、農民がいかに無教育であり、その願いには反動的＝ユートピア的要素がいかに多くふくまれているとしても、この考えは、全体として革命的＝民主主義的性格を有しているということも疑いない。

社会民主主義派は、この考えを、その反動的で小市民的社会主義的な歪曲から清めなければならない。——このことは異論がない。しかし、もしもこの要求の革命的＝民主主義的側面をとり出すことができず、この要求全体をふり捨ててしまうなら、社会民主主義者は、深刻な誤謬をおかすことになるだろう。われわれは、農民に向かって、包みかくさず、きっぱりといわなければならない。土地国有化はブルジョワ的措置であり、一定の政治的条件のある場合にのみ有益である、と。だが、農民大衆を前にして、この措置一般を頭ごなしに否定してみせるのは、われわれ社会主義者にとって近視眼的政策だということになろう。たんに近視眼的政策というだけではない。マルクス主義を理論的に歪曲することである。なぜなら、マルクス主義は、土地国有化はブルジョワ社会でも可能であり、考えられうるものであること、それは、資本主義の発展をおさえるものではなく、強めるものであり、土地関係の分野でのブルジョワ民主主義的改革の最大限であることを、この上なく明確に確定しているからである。

ところで、現在われわれがまさにブルジョワ民主主義的改造の最大限をかかげて農民の前に現われなければならないことを否定する者があろうか。ここまできても、農民の土地要求の急進主義（土地私有の廃止）と彼らの政治要求の急進主義（共和制等々）とのつながりを見ないでいられるであろうか。

いや、そんなことはできない。民主主義的変革を最後まで遂行することが問題となっている現在、農業問題における社会民主主義者の立場は次のようなものでしかありえない。土地の私的所有一般が存在しているもとでは、地主的所有に反対して農民的所有を擁護するが、一定の政治的条件のもとでは土地の私的所有に反対して土地国有化を擁護する。

（「労働者党の農業綱領の改訂」）

民主共和制のもとでの土地国有化は階級闘争にとってもっとも広い――資本主義が存在しているもとで一般に可能であり、考えられうる、もっとも広い――活動舞台を無条件でつくり出す。国有化は、絶対地代の廃絶、穀物価格の引き下げ、競争の最大限の自由と農業への資本の侵入の自由の確保である。

（「統一党大会における農業問題報告の結語」一九〇六年四月）

プレハーノフは、私の農業綱領案の中に権力奪取があるとみた。たしかに、革命的農民による権力奪取の思想は、私の農業綱領案の中に実際に入っているといわなければならない。しかし、この思想を「人民の意志」派の権力奪取の思想にしてしまうことはこの上ない大きな誤りである。「人民の意志」派が権力奪取の思想をはぐくんだ七〇年代と八〇年代には、彼らはインテリ集団であり、幾分なりとも広範な、真に大衆的な革命運動は実のところなかったのである。〔……〕いまや、一九〇五年の一〇月、一一月、一二月をへたあとでは、労働者階級、半プロレタリア分子と農民の広範な大衆が、久しくみられたことのない革命運動の形態を世界に示したあとでは――革命的人民の権力をめざす闘争がモスクワでも、南ロシアでも、バルト海沿岸地方でも燃え上がったあとでは――いまや革命的人民による政治権力獲得の思想を「人民の意志」主義にしてしまうのは、まるまる二五年だけおくれること、ロシア史から長大な一時期をそっくり消し去ることを意味している。プレハーノフは、土地革命を恐れる必要はない、といった。しかし、革命的農民による権力獲得を恐れることが、まさに土地革命を恐れることなのである。土地革命は、もしもその勝利が革命的人民による権力獲得を前提にしなければ、空語である。この最後の条件がなければ、土地革命にはならず、農民一揆かカデット的土地改革になるのである。

（「統一党大会における農業問題報告の結語」）

「分割論者」は、国有化に反対して、私にいう。あなたが農民から国有化のことをきいても、農民が望んでいるのは、彼の語っていることではない。言葉ではなく、事柄の本質に注目せよ。農民が望んでいるのは、私的所有、土地を売る権利なのであって、「土地は神のもの」〔「土地は誰のものでもない、神のもの、ツァーリのもの」という観念が農民を広くとらえていた〕云々といった言葉は地主から土地を取り上げたいという願望のイデオロギー的な衣にすぎないのだ、と。

私は「分割論者」に次のように答えた。それはすべて正しい。しかし、われわれと諸君との意見の不一致は、諸君が問題点はすでに十分掘り下げられたとみなすところでまさにはじまるのである。諸君は、これまでの唯物論者は世界を解釈することはできたが、われわれは世界を変革しなければならないとマルクスがいった、あの古い唯物論の誤りをくりかえしている。まさにちょうど同じように、分割を支持する人々は、農民が国有化について語る言葉を正しく理解し、それを正しく解釈している。しかし――これが肝心の点だが――この人々は、この正しい解釈を世界を変革するテコ、いっそうの前進の道具とすることができないのである。問題になっているのは、分割の代わりに国有化を農民に押しつけることではない。〔……〕問題になっているのは、社会主義者が、「土地は神のもの」という農民の小ブルジョワ的幻想を容赦なく暴露しつつも、農民に前進する道を示すことができなければならないということである。私はすでに大会でプレハーノフに次のことをいった。それを千回でもくりかえすであろう。実践家は、切取地を俗流化したように、現在の綱領を俗流化するであろう。彼らは小さな誤りを大きな誤りにしてしまうであろう。彼らは、土地は誰のものでもない、神のもの、官のものだと叫ぶ農民の群れに、分割の利点を証明しようとし、このことでマルクス主義を辱め、低俗化するであろう。そんなことをわれわれは農民に語るべきではない。われわれはこういわなければならない。土地は誰のものでもなく、神のもの、あるいは、官のものだというこの言葉の中には大いなるプラウダ〔真実〕がある。それをよく検討してみさえすればよい。もしも土地が官のものであるなら、官を牛耳っているのはトレポフ〔元内務次官、皇宮警備司令官〕だから、つまり、土地はトレポフのものだということになる。諸君はそれを望んでいるのか。諸君はロヂーチェフやペトルンケーヴィチ〔自由主義的地主たち〕が、その願い通り、権力をその手ににぎり、したがって官全体をにぎるまでになったら、土地が彼らの手におちることになるのを望むのか。すると農民は、もちろん、いいや、望まないと答えるだろう。トレポフにもロヂーチェフにも、俺たちは地主から取り上げた土地を渡しはしないぞ。もしもそうなら、人民が官吏をすべて選挙でえらぶこと、常備軍を廃止すること、共和制をとることが必要になるだろう。そうなってはじめて、土地を「官に」渡すこと、土地を「人民に」渡すことは、有害どころか有益な方策となるのだ。

（『統一大会についての報告』一九〇六年五月）

アメリカ的な道とプロイセン的な道

われわれは、わが革命における土地闘争の「核心」が農奴制的巨大土地所有であることをみた。農民の土地闘争は何よりもまず、何にもまして、この巨大土地所有の廃絶を求める闘争である。これを廃絶し、農民の手に完全にうつすことは、疑いもなく、ロシア農業の資本主義的進化の線にそっている。この進化のそのような道は、生産力のもっとも急速な発展、住民大衆にとっての最良の労働条件、自由な農民が農場主《ファーマー》に転化する、もっとも急速な資本主義の発展を意味するであろう。だが、農業のブルジョワ的進化のいま一つの道もありうる。地主経営と巨大土地所有を存続させ、それらが農奴制的＝債務奴隷制的経営からユンカー的経営へゆっくりと成長転化していくという道である。ロシア革命でさまざまな階級がかかげた農業綱領の二つの型の基礎には、まさにありうべきブルジョワ的進化のこの二つの型が横たわっているのである。このさい、「アメリカ的」進化の可能性の経済的基礎の一つをなしているロシアの特殊性は巨大な植民予備地が存在することである。

（『第一次ロシア革命における社会民主党の農業綱領』一九〇七年一一－一二月）

農民の夢、ナロードニキの夢

すべてのナロードニキの誤りは、小経営主の狭い視野にさえぎられて、農民が農奴制の軛を脱して入り込む社会関係のブルジョワ的性格をみないことにある。彼らは、農奴制的巨大土地所有の破砕のスローガンとしての小ブルジョワ的農業の「勤労原理」と「均等性」を、何か絶対的なもの、自足的なもの、ブルジョワ的でない、特別な制度を意味するものに転化させようとしている。

一部のマルクス主義者の誤りは、ナロードニキの理論を批判するにあたって、農奴制との闘争におけるその理論の歴史的に現実的な、かつ歴史的に正しい内容を見おとしていることにある。「勤労原理」と「均等性」とを、おくれた、反動的な、小ブルジョワ的な社会主義として批判している――正しく批判しているが、この理論が先進的な、革命的な小ブルジョワ民主主義を表現していること、この理論は、古い、農奴制的ロシアとのもっとも断固たる闘争の旗となっていることを忘れているのである。平等の思想は、一般には絶対主義の旧秩序との闘争において、とくに古い農奴制的、大領地的土地所有との闘争においてもっとも革命的な思想である。平等の思想は、それが封建的、農奴制的な不平等との闘争を表現するかぎり、小ブルジョワ農民にあっては正当なものであり、進歩的なものである。土地所有の「均等性」の思想は、それが七デシャチーナの分与地に暮らして、地主によって零落させられた、一千万の農民が、平均二三〇〇デシャチーナもある農奴制的巨大土地所有を分割せんとする熱望を表現するかぎり、正当であり、進歩的である。そして現時点においては、この思想は現実にそのような熱望を表現しており、誤って、そのことをぼんやりした似而非社会主義的言辞でつつんではいるものの、首尾一貫したブルジョワ革命に押しやっていくものである。ブルジョワ的スローガンを社会主義的なものとみせかけるごまかしを批判しながら、このスローガンが農奴制との闘争における、もっとも断固としたブルジョワ的なスローガンであるという歴史的に進歩的な意義を評価しえないマルクス主義者はだめである。ナロードニキには「社会化」とみえる変革のリアルな内容は、資本主義のための道をもっとも徹底して清掃すること、農奴制をもっとも断固として根絶することにあるであろう。私がさきにあげた図式は、農奴制の排除の最大限と、そのさいに達成されうる「均等性」の最大限とを示している。ナロードニキは、この「均等性」がブルジョワ性を排除するものだと想像しているが、実は、それはもっともラジカルなブルジョワジーの志向を表現するものなのである。ところで、「均等性」の中にあるこれ以上のものは、ことごとく、小ブルジョワのイデオロギー的けむりであり、幻想である。

（『第一次ロシア革命における社会民主党の農業綱領』）

III 戦争・帝国主義・革命

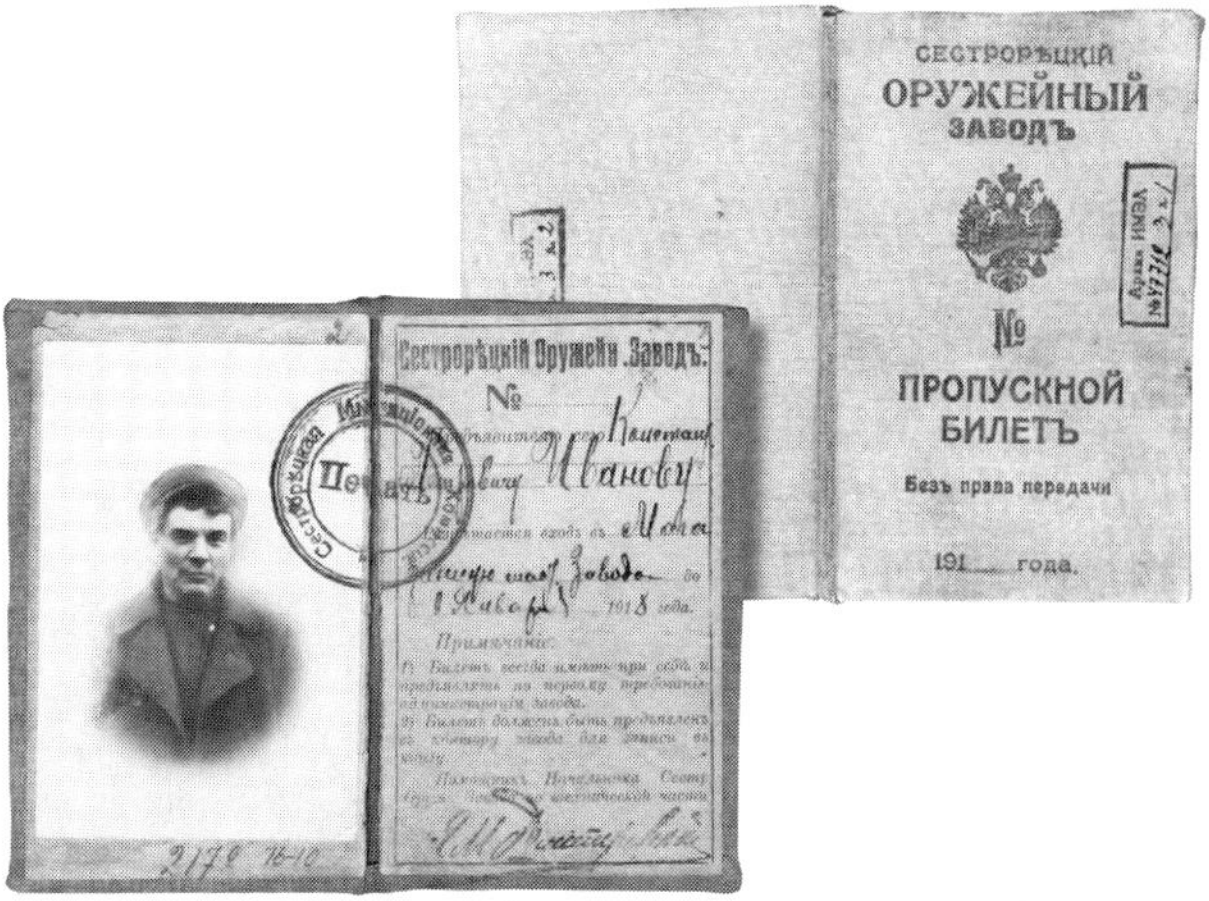

七月事件後に潜行したレーニンが使った労働者イヴァーノフの名で偽造された工場入構証。1917年7月29日撮影

世界戦争は、レーニンを根底からゆさぶり、その思想を鋭く変化させるとともに、真の意味での成熟をもたらした。「哲学ノート」に現われる認識論の面での前進の一端はI章で垣間見たが、本章では、戦争に対する態度、帝国主義世界認識と新しい革命論の三つに分けて、大戦中のレーニンの思想をとらえる。

戦争に対するレーニンの態度は、当初は、日露戦争の時の敗戦主義を引き継ぐものであった。ツァーリ政府の敗北は「最小の悪」だという主張である。「戦争を内戦に転化せよ」という主張も、パリ・コミューンの記憶から打ち出された。レーニンにとっては、まさに条件反射的な反応であった。

しかし、「一九一五年テーゼ」になると、世界戦争という新しい現実の中で生み出した新しい革命の構想が示された。レーニンは、ここで初めて権力への意志を現わしたのである。「一九一五年テーゼ」の意義は、これまでほとんど指摘されることはなかったので、ここではあえて全文を収録することにした。

『帝国主義』は、レーニンの最重要の著作であるので、全体の論旨の流れにそって、抄録した。小見出しは、すべて原著の全一〇章の章名そのままである。『帝国主義』の中では、検閲上の考慮から「もっぱら理論的分析、とくに経済的分析」に限定されており、帝国主義の政治については正面からは論じられていない。

レーニンはこの点を、とくに「帝国主義と民主主義」という形で論じている。このテーマについて述べられた文章を『帝国主義』のあとに並べておいたが、これらは一見すると、相互に矛盾する印象を与える。レーニンは、民主主義の機構が帝国主義政治支配の典型的制度であることをみとめながら、帝国主義は民主主義一般の否定であると述べている。この後段の、帝国主義と対立する民主主義とは、制度としての民主主義ではなくて、運動としての民主主義、大衆の中にある民主主義的精神、民主主義的ユートピアをさすと考えなければならない。

経済的「買収」と「民主主義的機構」への引き入れによって育てられた「労働者上層」の日和見主義、社会排外主義を社会的支柱として、はじき出され、差別された「下層」への抑圧、このような帝国主義の支配への「大衆の民主主義的反抗」――これがレーニンのみた帝国主義の政治であった。

レーニンの現実認識は、これまで現実の動きからつねに立ちおくれていた。帝国主義戦争がおこってから帝国主義を研究しはじめるというのは、まさにこの立ちおくれの極みであろう。しかも、労作『帝国主義』は、二月革命のあとにならねば日の目をみなかったのである。にもかかわらず、自分なりの帝国主義認識を確立したレーニンが、その上に立って、新しい革命論を模索したところには、まさに革命家としての決定的な目の深まりがみとめられる。第三節に収録した文章にみるように、現実をその混沌、複雑性のままに認識する革命論は、一九一七年革命の開始とともに、レーニンが最初から明確な方針をもつことを可能にしたものであった。その意味では、レーニンはここではじめて現実に追いつくことができたのだといえよう。

一　世界大戦

開戦の衝撃

最初の決議

⑴このヨーロッパ戦争、世界戦争は、ブルジョワ的、帝国主義的、王朝的戦争というはっきりした性格をもっている。市場の争奪と他国の強奪、国内のプロレタリアートと民主主義派の革命運動を根だやしにしようとする志向、ブルジョワジーのために、ある国の賃金奴隷を他国の賃金奴隷にけしかけることによって、すべての国のプロレタリアートから分別を奪い、分裂させ、みな殺しにしようとする志向――これがこの戦争の唯一のリアルな内容であり、意義である。

⑵軍事予算に賛成投票をし、プロイセンのユンカーとブルジョワジーのブルジョワ排外主義的言辞をくりかえしている第二インタナショナル（一八八九―一九一四）の最強かつ最大の党、ドイツ社会民主党の幹部たちの振る舞いは、社会主義を直接的に裏切るものである。〔……〕

(3)社会主義を裏切って、ブルジョワ内閣に入ったベルギーとフランスの社会民主党の幹部たちの振る舞いも、同じく非難に値する。

(4)第二インタナショナルの幹部の大多数が社会主義を裏切ったことは、このインタナショナルの思想的、政治的崩壊を意味している。この崩壊の基本的な原因は、小ブルジョワ的日和見主義がインタナショナルの中で事実上優勢を占めていたことである。〔※(5)は省略〕

(6)ロシア社会民主主義の任務は、とくに、まず第一に、大ロシア排外主義、ツァーリ君主制的排外主義に対して、ロシアの自由主義者、カデット、一部のナロードニキ、その他のブルジョワ政党がこの排外主義を詭弁的に擁護していることに対して、容赦なく、無条件に闘うことである。ロシアのすべての民族の労働者階級と勤労者大衆の観点からすれば、ポーランド、ウクライナおよびロシアの多くの民族を抑圧しているツァーリ君主制とその軍隊、他の民族に対する大ロシア人の抑圧を強化し、ツァーリ君主制の反動的で野蛮な政府を強固にするために、民族的敵意をたきつけているツァーリ君主制とその軍隊が敗北することが、最小の悪である。

（「ヨーロッパ戦争における革命的社会民主主義派の任務」一九一四年八月）

社会主義者の裏切り

社会主義者にとって何よりも苦痛であるのは、戦争の惨禍ではない――われわれは、つねに

「自らの祖国をとりもどすためすべての被抑圧者がすすめる神聖な戦争」には賛成する――、、、現代社会主義の幹部たちの裏切りという惨禍であり、現インタナショナルの崩壊という惨禍である。

（「ヨーロッパ戦争と国際社会主義派」一九一四年八月末―九月）

現在の危機のもとで何よりも苦痛なのは、ヨーロッパ社会主義の公式の代表者の大多数に対して、ブルジョワ民族主義、排外主義が勝利を収めたということである。

（「社会主義インタナショナルの現状と任務」一九一四年一一月）

第二インタナショナルの崩壊は、過ぎ去った（いわゆる「平和な」）歴史的時代の特殊性を地盤として育て上げられ、近年インタナショナルの中で事実上の支配権をにぎっていた日和見主義の崩壊である。

（「戦争とロシア社会民主党」一九一四年九月）

諸階級の協調を擁護すること、社会主義革命の思想および革命的闘争方法と手を切ること、ブルジョワ民族主義に迎合すること、民族または祖国の歴史的＝経過的な境界を忘れること、ブルジョワ合法性を物神崇拝すること、「広範な住民大衆」（小ブルジョワジー、と読め）を自分たちから突きはなすのを恐れて、階級的観点と階級闘争を放棄すること――これが、疑いもなく、日和見主義の思想的原理である。まさにこれを基盤として、第二インタナショナルの幹部の大多数が抱く今日の排外主義的、愛国主義的気分が成長したのである。

（「社会主義インタナショナルの現状と任務」）

戦争のひらいたもの

ヨーロッパ戦争は最大の歴史的危機、新しい時代のはじまりを意味している。あらゆる恐慌と同じく、この戦争は、深くひそんでいた諸矛盾を鋭くし、表面に露呈させ、一切の偽善的ヴェールをはぎとった。一切のしきたりを投げすて、腐った、ないしは、腐りはてた権威を破壊した。

（「死んだ排外主義と生きている社会主義」一九一四年一二月）

客観的には、いま平和のスローガンは誰の手にのることになるのか、ということが問題である。いずれにしても、それは、革命的プロレタリアートの思想の宣伝ではない！　資本主義の崩壊を促進するためにこの戦争を利用するという思想ではない！

（「シリャプニコフあての手紙」一九一四年一一月一四日付）

帝国主義はヨーロッパ文化の運命をカードに賭けた。もしも一連の革命の勝利がなければ、この戦争のあとには、じきに新たな戦争がいくどとなくつづくであろう。

（「社会主義インタナショナルの現状と任務」）

自国政府の敗北

ツァリーズムの敗北

ロシアでは、排外主義は「美《うる》わしのフランス」とか、不幸なベルギー（ではウクライナは？　その他その他は）とか、ドイツ人（と「カイザー制」）に対する「国民的」憎悪とかの空文句のかげにかくれている。このため、われわれの無条件の義務は、このような詭弁と闘うことである。闘争が正確で、はっきりした路線をとってすすむためには、総括的なスローガンが必要である。このスローガンは次の通りだ――われわれロシア人にとっては、ロシアの勤労者大衆と労働者階級の利益の見地からして、今日ただいまの最小の悪がこの戦争におけるツァリーズムの敗北であるということは、いささかの疑いも、絶対にいかなる疑いも入れないことである。なぜならツァリーズムはカイザー制より百倍も悪いからである。

（「シリャプニコフあての手紙」一九一四年一〇月一七日付）

その生涯を革命の大義に捧げた大ロシア人の民主主義者チェルヌイシェフスキーが、半世紀前に「みじめな民族、奴隷の民族、上から下までみんな奴隷だ」と語ったのが思い出される。厚顔なる奴隷か、かくれた奴隷（ツァーリ君主制の奴隷）たる大ロシア人はこの言葉を思い出すのを好むまい。しかし、われわれの考えでは、これは真の祖国愛の言葉、大ロシア人の住民大衆の中に革命性が欠如していることを嘆く愛の言葉である。

（「大ロシア人の民族的誇りについて」一九一四年一二月）

何人も奴隷に生まれたからといって、罪を問われるものではない。だが、自由を求める気がないばかりか、奴隷としての自分の境遇を正当化し、美化しようとする（たとえばポーランド、ウクライナなどの首をしめることを「祖国の擁護」だとよぶ）ような奴隷は、当然にも憤激と軽蔑と嫌悪の感情をひきおこさせる下司であり、下郎である。

（「大ロシア人の民族的誇りについて」）

二〇世紀に、ヨーロッパで（たとえヨーロッパの極東ででも）「祖国を擁護する」ということは、あらゆる革命的手段をつくして、自国の君主制、自国の地主と資本家、すなわちわれらの祖国の最悪の敵たちと闘うこと以外にはない。大ロシア人が「祖国を擁護する」ということは、大ロシアの住民の一〇分の九にとっての最小の悪として、あらゆる戦争でツァリーズムが敗北するように願うこと以外にはない。

（「大ロシア人の民族的誇りについて」）

公理として

革命的階級は、反動的な戦争においては、自国政府の敗北を願わずにはおれない。

これは公理である。

（「帝国主義戦争における自国政府の敗北について」一九一五年七月）

戦時中の革命は内戦である。一方では、政府間の戦争を内戦に転化させることは、政府の軍事的失敗（「敗北」）によって容易となる。他方では、そのような転化を目ざしていきながら、まさにそのことによって敗北を促進しないということは、実際上不可能である。

（「帝国主義戦争における自国政府の敗北について」）

戦争を内戦へ転化せよ

現在の帝国主義戦争を内戦に転化させよ、ということは、コミューンの経験によって指示され、バーゼルの決議（一九一二年）によって予定されていたスローガン、高度に発展したブルジョワ国家のあいだの帝国主義戦争のあらゆる条件から出てくる、唯一正しいプロレタリア的スローガンである。

（「戦争とロシア社会民主党」）

戦争は偶然ではない。キリスト教の坊主たち〔……〕が考えているような「あやまち」ではない。それは資本主義の不可避的な階梯であり、平和とおなじく、資本主義的生活の合法的形態である。現在の戦争は国民戦争である。このイースチナ（真理）からひき出されるべきであるのは、排外主義の「国民的」流れに乗って泳ぐべきだということではない、国民をひきさく階級矛盾は、戦時にも、戦争の中でも、戦争にふさわしい形でも存在しつづけ、自らを顕現するであろうということである。兵役拒否や反戦ストなどはまったく愚かなことであり、武装したブルジョワジーと非武装で闘うという貧弱で、臆病な夢想であり、死物狂いの内戦ないしは一連の戦争なしで資本主義を廃絶しようと願うことである。軍隊内でも階級闘争を宣伝することは社会主義者の義務である。諸国民の戦争を内戦に転化させようとする工作は、すべての国のブルジョワジーの帝国主義的武力衝突の時代において唯一社会主義的な工作である。「何がなんでも平和を」という坊主的にセンチメンタルな、馬鹿げた願望を葬れ！　内戦の旗をかかげよう！

（「社会主義インタナショナルの現状と任務」）

一九一五年テーゼ

ロシアからの同志たちの指示を考慮して、われわれは、社会民主党の工作の焦眉の諸問題にかんする若干のテーゼを定式化する。

(1)独立のスローガンとしての「憲法制定会議」というスローガンは正しくない。なぜならば、すべての問題は、いまや、誰がそれを招集するかということにあるからである。自由主義者は、一九〇五年にこのスローガンを受け入れた。なぜなら、憲法制定会議は、ツァーリによって招集され、ツァーリと協定を結ぶ会議という意味に解釈できたからである。何よりも正しいのは、「三頭くじら」（民主共和制、地主地の没収、八時間労働日）のスローガンに、社会主義を目ざし、交戦国政府の革命的打倒を目ざし、戦争に反対する闘争における労働者の国際連帯のよびかけをつけ加えたものである。

(2)われわれは、帝国主義的、反動的戦争の遂行を助ける戦時工業委員会へ参加することに反対する。われわれがその選挙カンパニヤを利用すること、たとえばその第一段階の選挙に参加することに賛成するのは、ただ煽動と組織の目的のためである。

国会のボイコットは問題にならない。改選に参加することは無条件に必要である。国会内にわが党の代議士がいないうちは、国会内でおこるすべてのことを革命的社会民主主義の観点から利用しなければならない。

(3)われわれはまず、プロレタリアートのあいだでの社会民主主義的活動を強固にし、拡大すること、ついでそれを農村プロレタリアート、貧農と軍に拡大することをもっともさしせまった焦眉の任務と考える。革命的社会民主主義のもっとも重要な任務は、はじまったストライキ運動を発展させ、それを「三頭くじら」のスローガンのもとにすすめることである。煽動では、戦争の即時中止の要求にしかるべき位置を与えねばならない。その他のスローガンの中では、労働者は労働者出身の代議士、ロシア社会民主党議員団を即時釈放せよという要求を忘れてはならない。

(4)労働者ソヴィエト等々の機関は、蜂起の機関、革命的権力の機関とみなされるべきである。大衆的政治ストの発展と結びつき、反乱と結びつき、その準備、発達、成功にしたがえば、確実な利益をあげることができる。

(5)ロシアにおける当面する革命の社会的内容となりうるものは、プロレタリアートと農民の革命的民主主義的独裁だけである。君主制と農奴主的地主を打倒しなければ、ロシアでは革命は勝利しえない。だが、それらを打倒することは、農民がプロレタリアートを支持してくれなければ、不可能である。「フートル農＝地主」と農村プロレタリアへの農村の分化は一歩前進したが、農村に対するマルコフ一派〔マルコフは、右翼地主議員、その名前は地主的反動の代名詞となった〕の圧迫はなくなりはしなかった。農村プロレタリアートを別個に組織することの必要性をわれわれは主張してきたし、無条件に、ありとあらゆる場合に主張するであろう。

(6)ロシア・プロレタリアートの任務は、ロシアにおけるブルジョワ民主主義革命を最後までやりぬき、かくしてヨーロッパにおける社会主義革命に火をつけることである。この第二の任務は今日、第一の任務にきわめて近づいているが、それでも相変わらず独自の、第二の任務のままである。なぜなら、ロシアのプロレタリアートに協力する別々の階級が、ここで問題になっているからである。第一の任務のための協力者はロシアの小ブルジョワ農民であり、第二の任務のための協力者は他国のプロレタリアートである。

(7)社会民主主義者が民主主義的小ブルジョワジーとともに臨時革命政府に参加することを、われわれは、従来通り、許されうるものと考えるが、ただ、排外主義的革命派と一緒ではだめである。

(8)われわれが排外主義的革命派とみなすのは、ドイツに対して勝つため——他国から強奪するため——ロシアの他の民族に対する大ロシア人の支配を強固にする等々のために、ツァリーズムに勝つことを望む人々のことである。革命的排外主義の基礎は、小ブルジョワジーの階級的地位である。彼らは、つねにブルジョワジーとプロレタリアートのあいだを動揺している。いまや彼らは、排外主義（これが民主主義革命の意味においてさえ首尾一貫して革命的であるのを妨げている）とプロレタリア国際主義とのあいだを動揺している。ロシアにおいては、この小ブルジョワジーを現在政治的に表現しているのは、トルドヴィキ、エスエル、『ナーシャ・ザリャー』〔メンシェヴィキ祖国防衛派の雑誌〕、チヘイゼらの議員団〔メンシェヴィキ〕、組織委員会〔メンシェヴィキ中央派〕、その同類たちである。

⑼ロシアにおいて排外主義的革命派が勝利すれば、われわれは、この戦争において彼らの祖国を防衛することに反対するだろう。われわれのスローガンはこうである。たとえ革命家であり、共和主義者であるとしても、排外主義者には反対する。彼らに反対して、社会主義革命のための国際プロレタリアートの同盟に賛成する。

⑽ロシアのブルジョワ革命においてプロレタリアートが指導的役割を果たすことが可能かという問に対して、われわれは、しかり、可能だ、と答える。もしも小ブルジョワジーが決定的瞬間に左へゆれ、われわれの宣伝だけでなく、経済、財政（戦争の負担）、軍事、政治など一連の客観的要因も彼らを左へ押しやるならば、可能である。

⑾もしも革命によってプロレタリアートの党が今日の戦争の中で権力の座につけられることがあれば、プロレタリアートの党は何をなすかという問に対しては、われわれはこう答える。われわれはすべての交戦国に対して、植民地の解放とすべての従属、被圧迫、無権利の諸民族の解放とを条件とする講和を提案するであろう。現在の政府のままでは、ドイツも、イギリスも、フランスも、この条件を受け入れない。そうなれば、われわれは革命戦争を用意して、遂行しなければならないであろう。すなわち、この上なく断固たる方策によりわれわれの最小限綱領を完全に実行するばかりか、現在大ロシア人に圧迫されているすべての民族、アジアのす

べての植民地と従属国（インド、中国、ペルシアその他）を系統的に反乱に立ち上がらせるようになり、さらにまた――第一には――ヨーロッパの社会主義的プロレタリアートを、自国政府に反対し、自国の社会排外主義者と対決して、反乱に立ち上がらせるだろう。ロシアにおけるプロレタリアートの勝利が、アジアにおいてもヨーロッパにおいても、革命発展のための異例に有利な条件をもたらすことはいかなる疑いも入れないことである。このことは一九〇五年ですら立証した。ところで、革命的プロレタリアートの国際連帯は、日和見主義と社会排外主義の口ぎたない非難にもかかわらず、事実なのである。

（「若干のテーゼ」一九一五年一〇月）

二　帝国主義認識

『帝国主義』の課題

本書では、帝国主義の基本的な経済的諸特質の関連・相互関係について、簡潔に、できるかぎり一般向けの形で、述べてみようと思う。しかし、この問題の経済的でない側面について論じることは、どんなにやりがいのあることであっても、ここではやらない。

（『帝国主義』一九一六年一―六月）

この小著はロシア語版への序文で書いておいたように、一九一六年にツァリーズムの検閲をパスするよう考えて書いたものである。私にはいま、全文を書きかえる余裕はないし、またそうすることは、おそらく妥当なことではないだろう。というのは、本書の基本的な課題は以前もいまも変わりなく、二〇世紀の初頭、第一次帝国主義世界戦争の前夜に、世界資本主義経済の全体像が国際的な相互連関においてどのようなものであったかをすべての国の、論議の余地のないブルジョワ統計の総括的データとブルジョワ学者の告白とによって、示すことにあるからである。

（『帝国主義』「フランス語版およびドイツ語版の序文」一九二〇年七月）

生産の集積と独占体

工業の巨大な成長、ますます大規模化する企業へ生産が集中していく驚くほど急速な過程——これは、資本主義のもっとも特徴的な特質の一つである。この過程についてもっとも完全でもっとも正確なデータを与えてくれるのが、現代の工業調査である。〔……〕

このことからして、集積がおのずから、その進展の一定の段階において、いわばぴったりと独占に接近していくことは、明らかである。なぜなら、数十の巨大企業にとっては相互の協定に達するのはたやすいことだし、他方で企業がまさに大規模だということから、競争が困難となって、独占へと向かう傾向が生まれるからだ。

このような競争の独占への転化こそは、最新の資本主義経済におけるもっとも重要な現象の一つをなしている（もっとも重要な現象はこれだけだ、というわけではないが）。〔……〕

半世紀前、マルクスが『資本論』を書いたころ、自由競争は圧倒的多数の経済学者にとって「自然法則」のように思われていた。マルクスは、資本主義の理論的・歴史的分析によって、自由競争が生産の集積を生み、この集積がその一定の発展段階で独占にいたることを論証したが、官製の学問はマルクスのこの著作を黙殺という手で葬ろうとした。だがいまや、独占は事実となった。それでも、経済学者たちは、独占の個々の現象を描いた書物を山のように書きながら、相変わらず「マルクス主義は論破された」と声をそろえて述べたてている。しかし、イギリスの諺にいう通り、事実は頑固なものであって、それはいやでもおうでも考えに入れざるをえないのだ。事実の示すところによれば、個々の資本主義国のあいだの相違、たとえば保護貿易か自由貿易かといった相違は、独占体の形態やその出現の時期の点で、本質的でない相違をもたらすにすぎない。ところが、生産の集積が独占体を生み出すことは、一般に資本主義発展の現段階の普遍的・基本的な法則なのである。

ヨーロッパについては、新しい資本主義が古い資本主義に最終的に交代した時期をかなり正確に決定することができる。それは、二〇世紀の初めにほかならない。〔……〕

独占体の歴史を基本的に総括すると、結局、次の通りとなる。

(1)一八六〇年代と一八七〇年代——自由競争の発展の頂点。独占体は、かろうじて認めうる萌芽でしかない。

(2)一八七三年の恐慌以後。長期にわたるカルテルの発展期だが、カルテルはなお例外的存在である。それはなお、永続的なものではなく、一時的な現象である。

(3)一九世紀末の高揚と一九〇〇—〇三年の恐慌。カルテルは、経済生活全体の基礎の一つに

なっていく。資本主義は、帝国主義に転化した。〔……〕
競争は、独占に転化していく。それにより生産の社会化は、巨大な進歩をとげる。とくに、技術的発明・改良の過程も、社会化される。これは、未知の市場で販売するために生産している経営主たちが、分散していて、おたがいのことを何も知らずにおこなう、むかしながらの自由競争とは、もはや、まったく別のものだ。集積の結果、一国の原料資源（たとえば鉄鉱床）の総体だけでなく、あとで見るように、数ヵ国や全世界の原料資源の総体も、概算することができるほどになった。
だが、そのような計算がおこなわれるだけではなく、この資源は巨大な独占団体によって一手ににぎられるのである。市場の大きさも概算され、それを、これらの団体は、協定にしたがっておたがいのあいだに「分割」している。熟練労働力は独占され、優秀な技師は抱えられ、交通路と交通手段——アメリカの鉄道、ヨーロッパとアメリカの汽船会社——はおさえられる。資本主義はその帝国主義段階において、生産のもっとも全面的な社会化にぴったりと接近する。それは、資本家たちを、いわば、その意志と意識とに反して、競争の完全な自由から完全な社会化への過渡をなす、新しい社会秩序に引きずり込む。
生産は社会的になっていくが、取得は相変わらず私的なままである。社会的な生産手段は、相変わらず少数の人間の私的な所有である。形式的に認められる自由競争の一般的な枠組は、相変わらずのこっている。それだけに、少数の独占者がその他の住民に加える圧迫は、百倍も重く、身にこたえ、耐えがたいものになっていく。〔……〕

われわれの前にあるのは、もはや、小企業と大企業との競争戦ではなく、技術的におくれた企業と技術的にすすんだ企業との競争戦でもない。われわれの前にあるのは、独占体に服従しない者、独占体の圧迫や、その横暴に服従しない者の、独占者による絞殺である。〔……〕

カルテルによって恐慌が避けられるというのは、なんとかして資本主義を美化しようとしているブルジョワ経済学者のおとぎ話である。逆に、いくつかの産業部門に独占がつくられると、総体としての全資本主義的生産に特有な無秩序性が強められ、はげしくなる。また、資本主義一般の特徴をなしている農業と工業の発展のずれはますますひどくなる。〔……〕

独占――これこそ、「資本主義の発展における最新の局面」の最後の言葉である。

（『帝国主義』）

銀行とその新しい役割

銀行の基本的な本来の業務は、支払いの仲介である。これと関連して銀行は、遊休貨幣資本を機能資本、つまり利潤を生む資本に転化させ、ありとあらゆる貨幣収入をかき集めて、これを資本家階級の手にゆだねる。

銀行業が発展し、それが少数の銀行に集積するにつれて、銀行は、仲介者というひかえめな役割から、資本家と小経営主の全体の貨幣資本をほとんどすべて管理し、さらに、一国や多くの国々の生産手段と原料資源の大部分をも管理する全能の独占者へと、成長転化する。多数のひかえめな仲介者から一握りの独占者へという、この転化は、資本主義が資本主義的帝国主義へ成長転化する基本的過程の一つをなしている。〔……〕

細かい網の目のような水路が、国中をおおい、すべての資本と貨幣収入を集中し、数千数万の分散した経営を単一の全国民的な資本主義経済へと、さらには、世界資本主義経済へと、転化させつつある——その水路がいかに急速に成長しつつあるかを、われわれはここに見る。さきに引いた文章のなかでシュルツェ＝ゲーヴァァニッツは、現代ブルジョワ経済学の名において、「地方分散化」ということを述べていたが、それは、じつは、かつては比較的「自立的」だった経済単位が、より正しくいえば、ローカルに（地方的に）孤立していた経済単位が、ますます多く、単一の中心に従属していくということにほかならない。つまり、それは、じつは、集中化であり、巨大な独占者の役割、意義、力の強化である。〔……〕

銀行が幾人かの資本家のために当座勘定の口座をひらくのは、純然たる技術的な業務、あるいは、もっぱら補助的な業務をおこなうことであるかのようだ。だが、この業務が巨大な規模にまで成長すると、全資本主義社会の商工業取引が、一握りの独占者に従属させられることになる。一握りの独占者は、銀行の取引関係を通じて、また、当座勘定その他の金融業務を通じて、初めは個々の資本家の事業の状態を正確に知り、次には、信用を広げたり窮屈にしたり、ゆるめたり引き締めたりすることによって彼らを統制し、彼らに影響をおよぼし、ついには、彼らの運命を完全に決定し、彼らの収益性を決定して、彼らの資本を奪ったりするかと思えば、彼らの資本を急激に途方もなく増大させる可能性を与えたりする、等々のことができるようになるのだ。〔……〕

「生産手段の一般的配分」というのは、これこそ、形式的な面からすれば、フランスでは三行から六行の、ドイツでは六行から八行の巨大銀行だけで何十億という金をにぎっている現代の銀行が、はぐくみつつあるものである。けれども内容的にみれば、この生産手段の配分は、けっして「一般的な」ものではなく、私的なものである。それは、民衆が食うや食わずの生活をしており、農業の発展全体が工業の発展にくらべて絶望的な立ちおくれを見せており、工業では「重工業」が他のすべての工業部門より貢物を取り立てているという状況の中で活動している大資本の利益、——まず第一に巨大な独占資本の利益と合致しているのだ。〔……〕

自由競争の支配する古い資本主義に独占の支配する新しい資本主義がとって代わったことは、一つには、証券取引所の意義が低下したことにあらわれている。〔……〕

いいかえれば、古い資本主義、証券取引所を自分にとって絶対に欠かせない調節器とする自由競争の資本主義は過去のものとなりつつあり、それに代わって、何か過渡的なものの、自由競争と独占との混合物とでもいうべきものの特徴を明らかにおびた新しい資本主義が到来したのである。〔……〕

集積過程によって資本主義経済全体の頂点にのこった数少ない銀行のあいだには、当然に、独占的協定、つまり銀行トラストを目ざす志向が、ますます明らかになり、強まっていく。〔……〕

またまた、銀行業の発展における最後の言葉は、独占である。〔……〕

これとともに、銀行と巨大な商工業企業との、いわば人的結合が発展する。すなわち、株式を保有するとか、銀行の重役が商工業企業の監査役会（あるいは取締役会）に入るとか、または、その逆の方法による、両者の融合である。〔……〕

このようにして、一方では、銀行資本と産業資本の融合が、あるいは、エヌ・イ・ブハーリンのうまい表現によれば癒着が、ますます進展し、他方では、銀行は真に「総合的な性格」をもつ機関へと成長転化していく。

（『帝国主義』）

金融資本と金融寡頭制

生産の集積、そこから生まれてくる独占体、銀行の産業との融合ないしは癒着――これこそが金融資本の発生史なのであり、金融資本という概念の内容をなすのだ。

われわれはいまや、資本主義的独占体の「闊歩」が、商品生産と私的所有という一般的環境のもとで、どのようにして不可避的に金融寡頭制の支配になるのか、その叙述に移らなければならない。〔……〕

もっとも重要視すべきものは、すでに前章でいささか述べておいた「参与制度」である。この制度に、まず誰よりも早く注意を向けたドイツの経済学者ハイマンは、事の本質を、次のように述べている。

「指導者は本会社を統制する。本会社（文字通りには『親会社』）はさらに、これに依存している会社（『子会社』）を支配し、子会社は『孫会社』を支配する。等々。このようにして、それほど途方もない資本をもたなくても、膨大な生産分野を支配することができる。〔……〕じつのところ、経験上では、株式会社の事業を左右するには株式の四〇パーセントを握っていれば十分だ。なぜなら、ばらばらな小株主の一定部分は、事実上、株主総会に出席することが等々がまったくできないからである。

株式所有の「民主化」は、ブルジョワ的詭弁家や日和見主義的な「でも社会民主主義者」たちが、「資本の民主化」とか小生産の役割と意義の増大などといった期待をかけている（あるいは、期待をかけていると公言している）ものだが、じつは金融寡頭制の威力を増すための手

段の一つなのである。〔……〕

少数者の手に集積され、事実上の独占をほしいままにしている金融資本は、会社の設立、有価証券の発行、国債の引き受け等々から、巨額の、しかもますます増大する利潤を引き出し、金融寡頭制の支配をかため、全社会に対して独占者への貢物を課している。〔……〕

金融資本の主要な業務の一つをなす有価証券発行が非常に大きな利益を与えることは、金融寡頭制の発展と強化にきわめて重要な役割を演じている。〔……〕

資本の所有が資本の生産への投下から分離すること、貨幣資本が産業資本あるいは生産資本から分離すること、貨幣資本からの収入だけで暮らしている金利生活者が企業家や資本の運用に直接たずさわっているすべての人々から分離すること――これは資本主義一般に固有のことである。帝国主義あるいは金融資本の支配とは、この分離が巨大な規模に達している資本主義の最高の段階である。金融資本が他のすべての形態の資本に優越することは、金利生活者と金融寡頭制が支配的地位にあることを意味し、金融的な「力」をもつ少数の国家が他のすべての国家から隔絶した存在になることを意味する。〔……〕

このデータからただちに明らかとなるのは、それぞれおよそ一〇〇〇億フランから一五〇〇億フランの有価証券をもつもっとも富裕な四つの資本主義国がどんなに他と隔絶した存在であるかということである。この四カ国のうち、二つはもっとも古く、かつまた、あとに見るように植民地をもっとも多くもつ資本主義国、イギリスとフランスであり、他の二つは、発展の速度の点でも生産における資本主義的独占体の普及の程度の点でも、先進的な資本主義国、アメリカ合衆国とドイツである。この四カ国で合わせて四七九〇億フラン、つまり、世界金融資本の約八〇パーセントをもっている。のこりの世界はほとんどみな、国際的銀行業者であるこれらの国々の、世界金融資本のこの四本の「柱」の、債務者にして貢納者の役割を演じている。〔……〕

（『帝国主義』）

資本の輸出

自由競争が完全に支配する古い資本主義にとっては、商品の輸出が典型的であった。だが、独占が支配する最新の資本主義にとっては、資本の輸出が典型的となった。〔……〕

いうまでもないことだが、もしも資本主義が、今日いたるところで工業にくらべておそろしく立ちおくれている農業を発展させうるものならば、また、もしも資本主義が、目の眩むような技術的進歩にもかかわらず、いたるところであいかわらずなかば飢えた乞食のような状態にある民衆の生活水準を引き上げうるものならば、資本の過剰などということは、問題にもなりえないだろう。こういった「理屈」が、資本の小ブルジョワ的批判者たちによって、ひっきりなしに主張されている。

けれども、もしも資本主義がそういうものならば、資本主義は資本主義でなくなるだろう。というのは、発展の不均等にしろ、なかば飢えた大衆の生活水準にしろ、これらは資本主義という生産様式の根本的かつ不可避的な条件であり、前提なのだから。資本主義が資本主義であるかぎり、過剰な資本は、その国の大衆の生活水準を向上させるのに向けられることはなく——なぜなら、そうしたら、資本家の利潤が引き下げられるから——国外の後進諸国へ資本を輸出することによって利潤を引き上げるのに向けられるのだ。これらの後進国では利潤が高いのが普通である。というのは、資本は少ないし、地価は比較的高くないし、賃金は低いし、原料は安いから。

資本輸出が可能になるのは、一連の後進国がすでに、世界資本主義の循環に引き入れられていて、鉄道の幹線が開通するか、敷設されはじめており、工業発展の初歩的条件が確保されている、等々のことによるのである。資本輸出が必然になるのは、少数の国々で資本主義が「熟しすぎ」、資本にとって「有利な」投下のための場所が（農業の発展が不十分で、大衆が貧困のうちにあるという条件のもとで）不足することによるのである。〔……〕

この対外投資が、さまざまな国々に、どのように分布しているか、どこに投下されているか、という問題に対しては、およその答を出すことしかできないけれども、しかしこの答によって、現代帝国主義の一般的な相互関係や結びつきのいくつかは、明らかにすることができる。

イギリスでは、第一位にあるのは植民地領土である。〔……〕フランスでは、事情が違う。この国の場合、在外の資本は、主としてヨーロッパに、第一にロシアに（もっとも低くみても一〇〇億フランも）、投下されている。しかもその大半は貸付資本、つまり国債であって、産業企業に投下される資本ではない。フランス帝国主義は、イギリスの植民地的帝国主義と区別して、高利貸的帝国主義と呼ぶことができる。ドイツは、第三の種類である。その植民地は大きくないし、対外投資はヨーロッパとアメリカとにまったく均等に分布している。〔……〕

資本の輸出国は、比喩的な意味では、世界を自分たちのあいだで分割した。しかし金融資本は、まさに世界の直接的分割をもたらしたのだ。（『帝国主義』）

資本家団体による世界の分割

資本家の独占団体――カルテル、シンジケート、トラストは、何よりもまず国内市場を相互のあいだで分割し、一国内の生産を多少とも完全にその手におさめるのである。しかし資本主義のもとでは、国内市場は不可避的に国外市場と結びついている。資本主義が世界市場をつくり出したのはずっと以前のことだった。そして、資本の輸出が増大し、巨大な独占団体の外国および植民地との結びつきが、その「勢力圏」が極力拡大されるにつれて、事態は「おのずから」これら独占団体のあいだの世界的協定へ、つまり、国際カルテルの形成へと、接近していった。〔……〕

資本家たちが世界を分割するのは、彼らに格別の悪意があるからではなくて、彼らが、利潤を獲得するには、集積の到達した段階によってこの道にいやおうなしに立たされるからなのである。このさい、彼らは、世界を「資本に応じて」「力に応じて」分割する。商品生産と資本主義の体制のもとでは、これ以外の分割方法はないのだ。〔……〕

最新の資本主義の時代は、われわれに次のことを示している。すなわち、資本家団体のあいだに世界の経済的分割を基盤とする一定の関係が形成されつつあり、これと並行して、これと関連して、政治的団体・諸国家のあいだに世界の領土的分割、植民地獲得の闘争、「経済的領土獲得の闘争」を基盤とする一定の関係が形成されつつある、ということを。

（『帝国主義』）

列強による世界の分割

地理学者A・ズーパンは、「ヨーロッパの植民地の領土的発展」にかんする著書のなかで、一九世紀末におけるこの発展を、左表のように簡単にまとめている。「したがって、この時期の特徴は、アフリカとポリネシアの分割である」――彼はそう結論している。

アジアとアメリカにはあいている土地*、つまりどの国家にも属さない土地はないのだから、ズーパンの結論を拡張して、問題の時期の特徴は地球の最終的分割である、といわなければならない。「最終的」というのは、再分割がありえないという意味ではなくて――それどころか再分割はありうるし、避けられない――資本主義国の植民政策がわが地球上のあいている土地の侵略を完了したという意味だ。世界は初めて分割されつくした。だから、このあとに来るのは再分割だけだ。すなわち、ある「所有者」から別の「所有者」への移転だけであって、無主の状態から「主人」持ちへ移行することではない。〔……〕

＊（原注）地球上に絶対的にあいている土地というものはなかったことに注意されたい。アフリカにも黒人たちが生活しており、彼らは土地の主人であった。しかし、彼らは国家をなしていなかった。

ヨーロッパの植民地領有国（合衆国も含む）に属する土地面積の比率（％）

地域＼年代	1876年	1900年	増　減
アフリカ	10.8	90.4	＋79.6
ポリネシア	56.8	98.9	＋42.1
アジア	51.5	56.6	＋ 5.1
オーストラリア	100.0	100.0	―
アメリカ	27.5	27.2	− 0.3

植民地領有の規模には、純経済的条件のほかに、それを土台として、地理的条件その他が影響をおよぼす。最近数十年間に、大工業や交易や金融資本の圧力のもとで、世界の平準化、各国の経済条件・生活条件の平均化がどんなにはげしくすすんだにしても、それでもやはり相違はあいかわらず大きい。

そして、上にあげた六カ国の中にも、一方では、異常に急速に進歩してきた若い資本主義国（アメリカ、ドイツ、日本）、他方では、近年進歩の速度が以前よりはるかに緩慢になった資本主義発展の古い国（フランスとイギリス）、そして第三には、最新の資本主義的帝国主義がいわば前資本主義的諸関係のとくに目のこまかな網をかぶせられている、経済面でもっとも後進的な国（ロシア）が認められるのである。

〔……〕

植民政策と帝国主義は、資本主義の最新の段階以前にも存在したし、資本主義以前にさえ存在した。奴隷制に立脚したローマは、植民政策を推進して帝国主義を実現した。しかし、社会経済的構成体の根本的な相違を忘れたり、それを軽視して、帝国主義について「一般的」に論じるなら、「大ローマと大ブリテン」とを比較するというような、空疎この上ない俗論や駄ぼらになってしまうのは避けられない。資本主義の従来の諸段階の資本主義的植民政策でさえ、金融資本の植民政策とは本質的に異なっている。

最新の資本主義の基本的特質は、巨大企業家たちの独占団体の支配ということだ。このような独占体がもっとも強固になるのは、原料資源がことごとく一手ににぎられる場合である。そして、国際的な資本家団体が、競争のあらゆる可能性を敵から奪いとるために、たとえば鉄鉱床や油田その他を買い占めるために、いかに熱心に努力しているか、これはわれわれのすでに見たところである。〔……〕

このことから、経済的領土の拡張に対する、さらには領土一般の拡張に対する、金融資本の

渇望が、不可避的に生ずるのである。〔……〕

資本主義的帝国主義の時代の植民政策を問題にする以上、金融資本とそれに照応する国際政治――それは結局のところ世界の経済的・政治的分割をめぐる列強の闘争にほかならない――が国家的従属の数々の過渡的形態をつくり出すことに注意しなければならない。この時代の典型をなすのは、植民地領有国と植民地という、二つの基本的グループだけではない。政治的には、つまり形式的には自立しているが、実際は金融上・外交上の従属の網で縛られている多様な形態の従属国もまた、この時代の典型をなしている。その形態の一つ――半植民地については、すでに述べた。いま一つの形態の見本は、たとえばアルゼンチンである。〔……〕

大国と小国とのあいだのこの種の関係は、散発的にはいつの時代にも存在したが、資本主義的帝国主義の時代には、それが一般的な体制となり、「世界分割」の諸関係の総体の一部となり、世界金融資本の業務の環に転化していくのである。

（『帝国主義』）

資本主義の特殊な段階としての帝国主義

もし帝国主義をできるだけ簡単に定義する必要があるとすれば、帝国主義とは資本主義の独占段階のことだというべきだろう。この定義には、もっとも主要なものが含まれている。

〔……〕

しかし、簡単すぎる定義というのは、大事なことをまとめている点で便利だが、定義すべき現象のきわめて本質的な諸特徴をその定義から別々に取り出さなければならなくなると、どうしても不十分である。だから、定義というものは現象の全面的な連関をその完全な発展においてとらえることはけっしてできないという、あらゆる定義一般のもつ条件つきで相対的な意義を忘れずに、つぎの五つの基本的標識をふくむような、帝国主義の定義を与えなければならない。

(1)生産と資本の集積が高度の発展段階に達して、経済生活で決定的役割を演じる独占体をつくり出したこと。

(2)銀行資本が産業資本と融合し、この「金融資本」を基礎として金融寡頭制がつくり出されたこと。

(3)商品輸出と区別される資本輸出が、とくに重要な意義をおびること。

(4)資本家の国際的独占団体が形成され、世界を分割していくこと。

(5)最大の資本主義列強による地球の領土的分割が完了したこと。

帝国主義とは、独占体と金融資本の支配が成立し、資本輸出がきわだった意義をおびるにいたり、国際トラストによる世界の分割が始まり、最大の資本主義諸国による地球の全領土の分割が完了した、という発展段階にある資本主義のことである。〔……〕

われわれが述べている思想の本質にまっこうから対立することを目ざした（というのは、多年にわたってわれわれと同じような思想を説いてきたドイツ・マルクス主義者の陣営から出た反対意見のことは、マルクス主義内部の一定の潮流の反対意見として、カウツキーにはずっと以前から知られていたことなのだから）カウツキーの帝国主義の定義を引用してみれば、彼の思想がきわめて正確に表わせるだろう。カウツキーの定義とは、こうである。

「帝国主義は、高度に発展した産業資本主義の産物である。それは、どんな民族がそこに住んでいようとおかまいなしに、ますます大きな農業地域（傍点はカウツキー）を併合し、あるいは服従させようとする、あらゆる産業資本主義的国民の渇望である。」

この定義は、まったく何の役にも立たない。というのは、これでは一面的だからだ。つまり、根拠もなく民族問題だけを（この問題は、そのものとしても、帝国主義との関係においても、きわめて重要ではあるが）取り出して、根拠もなく、こともあろうにこの問題を他民族を併合する国の産業資本にのみ結びつけ、また同じく根拠もなく、こともあろうに農業地域の併合だけを強調しているのだから。〔……〕

資本主義の最新の段階を帝国主義と呼ぶべきか、金融資本の段階と呼ぶべきかという、カウツキーの提起した用語上の争いは、まったくつまらないことだ。呼びたいように呼べばいいわけで、どちらでもかまわない。事の本質は、カウツキーが帝国主義の政治を帝国主義の経済から切り離して、領土併合を金融資本の「好む」政策だと解説し、それに対置される別のブルジョワ的政策が、同じ金融資本の土台に立っても可能であるかのように主張している点にあるのだ。そういうことなら、経済における独占は、政治における独占的でない、暴力的でない、侵略的でない行動様式と両立しうるということになる。つまりは、まさに金融資本の時代に完了し、最大の資本主義国家間の競争の現在の形態の独自性の基礎をなしている地球の領土的分割は、帝国主義的でない政策と、両立しうるということになるのだ。〔……〕

存在している諸矛盾の深刻さをあますところなくあばき出す代わりに、いいのがれによってそれらの矛盾を避け、そのうちのもっとも重要なものを忘れてしまう――これこそが、マルクス主義とは縁もゆかりもないカウツキー理論なのである。そして、このような「理論」が、クノー〔ドイツ社会民主党の理論家〕との統一という思想を擁護するのに役立つにすぎないことは、当然である！

カウツキーは、書いている。

「純経済的見地からすれば、資本主義がさらにいま一つの新しい局面、すなわちカルテル政策が対外政策へ転移する超帝国主義の局面を迎えることは、ありえないことではない。」

超帝国主義の局面とは、全世界の帝国主義の闘争ではなくて合同の局面であり、資本主義のもとで戦争がなくなる局面であり、「国際的に連合した金融資本による世界の共同開発」の局面である、というのである。〔……〕

もし純経済的見地というものを「純粋の」抽象と理解すれば、いいうることのすべては、発展は独占に向かっており、したがって、単一の世界的独占、単一の世界トラストに向かっているという命題につきるということになる。これは、論議の余地がない。だが、それは、「発展の向かっている」ところは実験室での食糧品生産であるというのと同じく、まったく無内容である。この意味では、超帝国主義の「理論」は「超農業の理論」と同じようなたわ言だ。

〔……〕

金融資本とトラストは、世界経済のさまざまの部分の成長速度の相違を弱めるどころか、強めているのだ。だが、そうして力関係が変化した場合、矛盾の解決は、資本主義のもとでは、力に求める以外に、どこに求めることができるだろうか。〔……〕

そこで、問題となるのは次のことである。一方における生産力の発展と資本の蓄積、他方における植民地と金融資本の「勢力範囲」の分割――この二つのあいだの不均衡を除去する手段は、資本主義の基盤に立つかぎり、戦争以外にありうるだろうか。〔……〕

（『帝国主義』）

寄生性と資本主義の腐朽

すでに見たように、帝国主義の奥底にある経済的基礎は独占だ。これは資本主義的独占である。つまり、資本主義の中から成長し、資本主義、商品生産、競争といった一般的環境の中にあって、この一般的環境と、たえずどうしようもなく矛盾している、そういう独占である。

しかしそれにもかかわらず、あらゆる独占と同じく、この独占もまた、不可避的に停滞と腐朽へ向かう志向を生み出すのだ。〔……〕

帝国主義とは、少数の国に貨幣資本が大量に堆積することであって、その額は、すでに見たように、有価証券で一〇〇〇億—一五〇〇億フランにも達している。このことから、金利生活者階級の、より正しくは金利生活者層の、異常な成長がもたらされる。これは「利札切り」で生活している人々、どのような企業にもまったく参加していない人々、ぶらぶらと遊んでいるのが商売である人々だ。帝国主義のもっとも本質的な経済的基礎の一つをなす資本輸出は、このように金利生活者が生産から完全に切り離されている状態をますます強め、海外の諸国や植民地の労働を搾取して生活している国の全体に寄生性の刻印を押すのである。〔……〕

金利生活者の収入が、この世界一の「商業」国〔イギリス〕の貿易収入を五倍も上まわっている！ここにこそ、帝国主義と帝国主義的寄生性の本質があるのだ。

「金利生活者国家（Rentnerstaat）」あるいは高利貸国家という概念が、帝国主義にかんする経済的文献の中で一般的に用いられるようになりつつあるのは、このためである。世界は一握りの高利貸国家と圧倒的多数の債務者国家とに分裂した。〔……〕

帝国主義は、世界の分割と中国だけにとどまらない他国の搾取を意味し、一握りのもっとも富裕な国々にとっての独占的高利潤を意味するのだから、したがって、帝国主義は、プロレタリアートの上層を買収する経済的可能性をつくり出すのであり、これによって日和見主義を養い、形成し、強固にするのだ。〔……〕

注意しておかなければならないのは、労働者を分裂させ、彼らのあいだに日和見主義を強め、労働運動の一時的な腐敗をもたらすこの帝国主義の傾向が、イギリスでは一九世紀末・二〇世紀初めという時点よりもはるか以前に現われたということである。こうなったのは、広大な植民地領有と世界市場における独占的地位という帝国主義の二大特徴が、イギリスでは一九世紀のなかば以来存在していたからである。〔……〕

現在の状態の特徴は、日和見主義が労働運動の全体的・根本的利益と相容れないことを強めずにはおかないような経済的・政治的条件にある。たしかに、帝国主義は萌芽から成長し、支配的体制となった。資本主義的独占体は、国民経済においても政治においても、第一の地位を占めるにいたった。世界の分割は最後まで推しすすめられた。だが、他方で、イギリスの全一的独占の代わりに、少数の帝国主義列強間の独占参加を目ざす闘争が、二〇世紀初めの全体を特徴づけていることが見られる。だから日和見主義は、今日では、一九世紀後半のイギリスで勝利を得たように、数十年の長きにわたって一国の労働運動を完全に支配することはできない。しかし日和見主義は、幾多の国で、成熟しきって、熟しすぎ、さらには腐りはて、社会排外主義となって、ブルジョワ政治と完全に融合してしまったのである。

（『帝国主義』）

帝国主義の批判

帝国主義の展望への「一般的」熱中、帝国主義の気違いじみた擁護、ありとあらゆる手をつくしての帝国主義の美化――これが時代の象徴である。

帝国主義のイデオロギーは、労働者階級の中にも浸透している。この階級を他の諸階級からへだてる万里の長城があるわけではないのだ。現在のいわゆるドイツ「社会民主」党の幹部は、正当にも「社会帝国主義者」――すなわち、口先では社会主義者で、実際には帝国主義者――という名前で呼ばれているが、ホブスン〔イギリス人。『帝国主義』の著者〕は、早くも一九〇二年に、イギリスには日和見主義的な「フェビアン協会」に属する「フェビアン帝国主義者」が存在している、と指摘していた。〔……〕

帝国主義の基礎を改良主義的に変更することが可能かどうか、帝国主義の生み出す諸矛盾のいっそうの激化と深化に向かってすすむのか、それともその緩和に向かってあともどりするのかという問題は、帝国主義批判の根本問題である。帝国主義の政治的特性をなすのは、金融寡頭制の圧迫と自由競争の排除に関連するあらゆる面での反動と民族的抑圧の強化であるので、帝国主義に対する小ブルジョワ民主主義的反対派が、二〇世紀初めにはほとんどあらゆる帝国主義国に現われている。カウツキーとカウツキー主義の広範な国際的潮流がマルクス主義と縁もゆかりもないものとなったのは、カウツキーが、小ブルジョワ的、改良主義的な、経済的にいえば反動的なこの反対派と対決しようとは心がけなかったし、現に対決しえなかったというだけではなく、逆にこれと実践的に融合してしまったということ、まさにこの点に現われているのだ。〔……〕

カウツキーは、金融資本の時代に、まさにこのような「反動的理想」、「平和的民主主義」、「たんなる経済的諸要因の力」を擁護することによって、マルクス主義と手を切ったのだ。というのは、この理想は、客観的には、独占資本主義から非独占資本主義へひきもどすものであり、改良主義の幻想にほかならないから。〔……〕

カウツキーがでっちあげた悪名高い「超帝国主義」の理論もまた、まったく同じような反動的な性格をもっている。〔……〕

だから、イギリスの宗教家やドイツの「マルクス主義者」カウツキーの凡俗な小市民的幻想のうちにあるのではなく、資本主義的現実のただ中にある「国際帝国主義的」同盟あるいは「超帝国主義的」同盟は、それがどのような形をとるにしても——対立しあう二つの帝国主義的連合という形にせよ、すべての帝国主義列強の全体的同盟という形にせよ——不可避的に戦争と戦争のあいだの「息つぎ」ということになる。平和的同盟は戦争を準備するものであるが、またそれ自体、戦争から発生してくるものであり、こうして両者は相互に制約しあい、世界経済と世界政治の帝国主義的関連と相互関係という同一の基盤から、平和的闘争と平和的でない闘争との形態の変化をもたらすのである。

ところが、いとも賢きカウツキーは、労働者をなだめて、ブルジョワジーの側についた社会排外主義者と和解させるために、一連の鎖の環をばらばらに切りはなす。つまり、中国を「しずめる」ための全列強の今日の平和的な（そして超帝国主義的な、さらには超々帝国主義的な）同盟（義和団の蜂起の鎮圧を思い出していただきたい）を、明日の平和的でない紛争――これがまたあさっては、たとえばトルコその他の分割のための「平和的な」全体的同盟を用意する――から切りはなすのである、等々。帝国主義的平和の時期と帝国主義的戦争の時期との生き生きとした関連の代わりに、カウツキーが労働者に贈るのは、彼らを死んだ指導者と和解させるための死んだ抽象である。〔……〕

カウツキーのこの「思想の偏向」を評価するのに、一つの例をひこう。ある日本人が、アメリカ人によるフィリピンの併合を非難しているとしよう。問題となるのは、この非難が領土併合一般を憎む気持からなされたのであって、自分でフィリピンを併合したいと望む気持からなされたのではないと、大勢の人が信じてくれるかどうかである。そして、領土併合反対の日本人の「闘争」は、彼が日韓併合に反対して立ちあがり、日本からの朝鮮の分離の自由を要求する場合にはじめて、心底から出たもの、政治的に公明正大なものと考えられるということを認めるべきではないだろうか。

こうして、カウツキーがおこなった帝国主義の理論的分析と、帝国主義に対する彼の経済的・政治的批判には、もっとも根本的な諸矛盾をぼかして消してしまうという、マルクス主義とは絶対に相容れない精神が、ヨーロッパの労働運動において崩壊しつつある日和見主義との統一を是が非でもまもろうとする志向が、骨の髄までしみ込んでいるのである。（『帝国主義』）

帝国主義の歴史的位置

これまで見てきたように、帝国主義は、その経済的本質からいえば、独占資本主義である。このことだけでも、帝国主義の歴史的位置は確定される。なぜなら、自由競争の基盤の上に、しかもまさに自由競争の中から成長してくる独占は、資本主義的社会経済制度からより高次の社会経済制度への過渡をなすからである。ここでとくに、問題としているこの時代の特徴をなす独占の主要な四つの種類、つまり独占資本主義の主要な四つの現象を、指摘しておかなければならない。

第一に、独占は、生産の集積の非常に高度な発展段階において、生産の集積の中から成長した。これは、資本家たちの独占団体——カルテル、シンジケート、トラストである。それが現代の経済生活においていかに巨大な役割を演じているかは、すでに見たところだ。二〇世紀の初めには、資本家団体は先進諸国では完全に支配的な地位を占めていた。カルテル化の最初の歩みをどこよりも早く踏みだしたのは、高率保護関税の国（ドイツ、アメリカ）であるが、自由貿易体制のイギリスもわずかにおくれただけで、生産の集積から独占体が生まれるという同じ基本的事実を示したのである。

第二に、独占体は、もっとも重要な原料資源の奪取を強化させた。このことは、石炭業や鉄鋼業のような資本主義社会の基本的な、しかももっともカルテル化された産業の場合に、とくにそうである。もっとも重要な原料資源の独占的領有は、大資本の権力をおそろしく増大させ、カルテル産業とカルテル化されていない産業との矛盾を激化させた。

第三に、独占は、銀行から成長した。銀行は、ひかえめな仲介者的企業から金融資本の独占者に転化した。先進資本主義国ならどの国をとってみても、三―五行ほどの巨大銀行が、産業資本と銀行資本との「人的結合」を果たし、国全体の資本と貨幣収入の大部分にあたる幾十億もの金の管理をその手に集中している。現代ブルジョワ社会の経済機関と政治機関のすべてに、例外なしに従属関係の細かな網の目をかぶせている金融寡頭制――これこそ、この独占のもっとも鮮明な現われである。

第四に、独占は、植民政策から成長した。植民政策の数多くの「むかしながらの」動機に金融資本がつけ加えたのは、原料資源を、資本輸出を、「勢力範囲」を求める闘争、つまり、有利な取引、利権、独占利潤などの範囲を、ついには経済的領土一般を求める闘争である。ヨーロッパの列強が、たとえばアフリカの一〇分の一しか植民地にしていなかったとき――これは一八七六年のことである――には、植民政策は、土地をいわば「取りほうだい」に占取するという形で、独占的でなく発展しえた。しかし、アフリカの一〇分の九が侵略され（一九〇〇年頃）、全世界が分割されつくしたときに、不可避的におとずれたのは植民地の独占的領有の時代であり、したがってまた世界の分割と再分割を目ざす、とくに激烈な闘争の時代である。

独占資本主義が資本主義のすべての矛盾をどれほど激化させたかは、広く知られている。物価値上げとカルテルの圧迫を指摘すれば十分である。この矛盾の激化は、世界金融資本の最終的勝利のときから始まった歴史の過渡的な時期のもっとも強力な動力である。

さまざまな独占、寡頭制、自由を求める渇望に代わる支配を求める渇望、少数のもっとも富裕な、あるいは強大な民族によるますます多数の弱小民族の搾取――これらすべてのことが、帝国主義の性格を寄生的な資本主義、あるいは腐朽しつつある資本主義としてとらえなければならなくさせる、帝国主義のきわだった諸特徴を生み出したのである。ここに、「金利生活者国家」、高利貸国家の形成ということが、帝国主義の一傾向として、ますます鮮明に現われてくる。この国家のブルジョワジーは、ますます資本輸出と「利札切り」で生活をたてるようになる。だが、この腐朽の傾向があれば、資本主義の急速な成長はなくなると考えるのは誤りであろう。そうではない、個々の産業部門、ブルジョワジーの個々の層、個々の国をとってみれば、帝国主義時代において、程度の差はあるが、この二つの傾向のうち、あるときは一方を、あるときは他方を表わすのである。全体として見れば、資本主義は以前にくらべて、途方もなく急速に成長する。しかし、この成長が一般にますます不均等になるばかりでなく、不均等の特殊な現われとしてもっとも資本力のある国々（イギリスなど）の腐朽ということもみられるのである。〔……〕

以上、帝国主義の経済的本質について述べてきたすべてのことから、帝国主義の性格を過渡的な資本主義として、正しくいえば、死滅しつつある資本主義として、とらえなければならないという結論が出てくる。

（『帝国主義』）

帝国主義と民主主義

新しい経済、独占資本主義（帝国主義は独占資本主義である）の上に立つ政治的上部構造をなすのは、民主主義から政治的反動への転換である。自由競争には民主主義が照応する。独占には政治的反動が照応する。「金融資本は自由ではなく、支配を目ざす」とR・ヒルファーディングはその著書『金融資本論』の中で正しく述べている。

政治一般から「対外政策」を取り出すこと、まして、対外政策を国内政策に対置することは、根本的に正しくないし、非マルクス主義的な、非科学的な思想である。対外政策でも、国内政策でも一様に、帝国主義は民主主義の破壊を目ざし、反動を目ざす。帝国主義は民主主義一般、民主主義全体の「否定」であり、けっして民主主義の要求の一つである民族の自決だけを否定するものではないことは、この意味で、争う余地がない。

（「マルクス主義の戯画と『帝国主義的経済主義』とについて」一九一六年八―一〇月）

民主共和制は、「公式には」富者と貧者をひとしなみに扱うので、「論理的には」資本主義と矛盾している。これは経済制度と政治的上部構造との矛盾である。帝国主義になると、共和制との同じ矛盾は、いっそう深まり、強まるが、これは、自由競争が独占に代わったため、あらゆる政治的自由の実現がさらに「困難になる」からである。

資本主義はいかにして民主主義と両立するか。資本の全能を間接的に実現することによってである。このための経済的手段は、二つである。(1)直接の買収、(2)政府と取引所との同盟。

〔……〕

商品生産、ブルジョワジー、貨幣の権力が支配するかぎり、買収（直接の、または取引所を通ずる）は、いかなる統治形態のもとでも、いかなる民主主義のもとでも、「実現可能」である。

では、資本主義が帝国主義に代わる、すなわち独占以前の資本主義が独占資本主義に代わると、問題にしてきた点はどのように変化するのか。取引所の権力が強まるだけである。

（「マルクス主義の戯画と『帝国主義的経済主義』とについて」）

重要なことは、労働貴族層のブルジョワジーの側への経済的離脱が成熟し、完了したということであり、この経済的事実が、諸階級間の関係におけるこの移動が自らの政治的形態を見つけるのは、とくに「困難」ではないのである。

このような経済的基礎に立って、最新の資本主義の政治的諸装置――新聞、議会、組合、会議等々が、いんぎんで、穏和で、改良主義的、愛国的な職員や労働者のために、経済的特権や贈物に対応する政治的特権と贈物をつくり出している。各省や戦時工業委員会、議会、各種委員会、「堅実な」合法新聞の編集部、それにおとらず堅実な「ブルジョワ的に従順な」労働団体の執行部における、収入の多い、安楽な地位――こういうものによって、帝国主義的ブルジョワジーは、「ブルジョワ的労働者党」の代表や支持者を誘惑したり、褒美を与えたりしているのである。

政治的民主主義の機構も同じ方向に作用している。今世紀には、選挙なしにはすまされない。

大衆なしにはやっていけない。だが、出版と議会制度の時代には、へつらい、うそ、ペテン、大衆受けする流行語の操作、労働者になんでもすきな改革と福利を与えるという――労働者がブルジョワジー打倒の革命闘争を放棄しさえすれば――右にも左にもふりまかれる約束などの多岐にわたるシステムを、系統的に実施し、しっかりと整備しなければ、大衆をついてこさせることはできないのである。

（「帝国主義と社会主義の分裂」一九一六年一〇月）

《くりかえし立ちもどること》〔レーニンの註〕「労働組合に組織された労働者（イギリス）は、ずっと前から実際政治の道に入っている。選挙権の拡張は彼らを民主主義的な国家体制の主人公にした――選挙権がいまなお本来のプロレタリア的下層を排除するのに十分なほど制限されているので、なおさらそうである。」「労働者のこの強力な地位はイギリスにとって危険ではない。なぜなら、半世紀にわたる組合と政治の訓練により、労働者は自分の利害を自国の工業の利益と同一視することを学んでいるからである。」

（「帝国主義ノート」シュルツェ＝ゲーヴァニッツ『イギリス帝国主義』からの引用、一九一六年初）

三　新しい革命論

一時代としての社会主義革命

ヨーロッパにおける社会主義革命は、すべての、そしてありとあらゆる類いの、抑圧され、不満を抱く人々の大衆的闘争の爆発以外の何ものでもありえない。小ブルジョワジーとおくれた労働者の一部も不可避的にこの革命に参加するであろうし——そのような人々の参加なくしては、大衆闘争はありえず、いかなる革命もありえない——おなじく不可避的に、この運動に、自分たちの偏見、自分たちの反動的ファンタジー、自分たちの弱点と誤りをもち込むであろう。しかし、彼らは、客観的には、資本を攻撃するのであり、革命の意識的前衛たる先進的プロレタリアートは、この色とりどりの、声音もさまざまな、雑多で、外見的にはばらばらな大衆闘争の客観的イースチナ（真実）を表現して、その闘争を統一し、指導し、権力を奪取し、銀行を占拠し、万人の憎む（たとえ理由はさまざまでも）トラストを収奪し、全体としてブルジョワジーの打倒と社会主義の勝利をもたらす、その他の独裁的な方策を実現することができるであろう。この社会主義の勝利も、小ブルジョワ的な残りかすを、とても一挙には「払拭する」ことにはならないであろう。

（「自決にかんする討論の総括」一九一六年七月）

社会主義が実現されるのは、あらゆる国のプロレタリアの統一行動によってではなく、先進的資本主義の発展段階に到達した少数の国のプロレタリアの統一行動によってである。〔……〕これらの先進国（イギリス、フランス、ドイツその他）では、民族問題はずっとまえに解決ずみであり、民族的共同体はずっとまえにその命数がつき、「全民族的な任務」は客観的には存在しない。〔……〕

未発展の国々、すなわち〔……〕東ヨーロッパ全体と、植民地と半植民地の全体では、事情は別である。ここには、通例、資本主義的に未発展の被抑圧民族がまだいる。これらの民族のうちには、客観的に全民族的な任務、すなわち、民主主義的な任務、他民族による抑圧を打倒する任務が、まだある。〔……〕

先進国のプロレタリアートがブルジョワジーを打倒し、その反革命の企図を撃退しているあいだ、未発展の被抑圧民族は待ってはいないし、生きることをやめもしないし、消えてなくなりもしない。彼らが、社会革命とくらべればまったく小さな帝国主義ブルジョワジーの危機、たとえば一九一五―一六年戦争を、反乱（植民地、アイルランド）のために利用しているとすれば、先進国国内での内戦というような巨大な危機をますます反乱のために利用するということは疑いを入れない。

社会革命は、先進国におけるブルジョワジーに対するプロレタリアートの内戦と、未発展の、後進的な被抑圧民族における民族解放運動をふくめた実に多くの民主主義的、革命的な運動とを結合した一時代という形でしかおこりえない。

(「マルクス主義の戯画と『帝国主義的経済主義』とについて」一九一六年)

先行革命の政府にとってはあたらしい民族問題がおこる

ペ・キエフスキーは、分離する権利の問題と分離を勧告する問題とをこのように区別したというので、われわれを「手品師」とののしった。そして、労働者にこの判断を「科学的に基礎づけ」て見せるために、次のように書いている。
「ウクライナの政治的独立の問題にたいしてプロレタリアは、どんな態度をとるべきか、と労働者が宣伝家に質問して、社会主義者は分離する権利の獲得を目標にしており、また、分離反対の宣伝をおこなう、という答を受けたなら、その労働者は、なんと考えるだろうか?」と。
私の考えでは、この問にかなり正確な答をあたえることができる。〔……〕
われわれは、自国政府に植民地から退去するように要求し、〔……〕分離の完全な自由、本当の自決権を植民地にあたえるように要求しているが、また、権力をたたかいとるやいなや、われわれ自身かならずこの権利を実現し、この自由をあたえるとしているが、それはけっして分離を「勧告」するためではなく、反対に諸民族の民主主義的な接近と融合を容易にし早めるために、今日の政府に要求しているのであり、また、われわれ自身政府となったあかつきには、これをなしとげるということである。」

（「マルクス主義の戯画と『帝国主義的経済主義』とについて」）

先行革命の政府は革命戦争をする

一国で勝利した社会主義は、一般にすべての戦争を一挙になくしてしまうものではけっしてない。逆に、戦争を前提とするのである。資本主義の発展は国によって極度に不均等におこなわれる。商品生産のもとでは、そうでしかありえないのである。このことからして、社会主義がすべての国で同時に勝利することはありえないという結論が動かしがたいものとなる。社会主義は、最初は一国ないし数カ国で勝利する。しかし、のこりの国々はブルジョワ的な国、あるいはブルジョワ以前的な国にとどまる。となれば、摩擦がおきるにとどまらず、他の国々のブルジョワジーが社会主義国家の勝利したプロレタリアートを粉砕しようと直接意欲をもやすのも避けられない。この場合、われわれの側からすれば、戦争は正当であり、正義の戦争となる。それは、社会主義のための戦争、ブルジョワジーより他国民を解放する戦争であろう。

（「プロレタリア革命の軍事綱領」一九一六年九月）

民主主義を通じて社会主義へ

プロレタリアートは、民主主義を通じる以外に、つまり民主主義を全面的に実現し、自らの闘争の一歩一歩を、もっとも断固たる定式で表現された民主主義的要求と結びつけることなしには、勝利することはできない。

（「革命的プロレタリアートと民族自決権」一九一五年一〇月以降）

一般に資本主義は、とくに帝国主義は、民主主義を幻想に変える——だが同時に資本主義は大衆の中に民主主義的志向を生み出し、民主主義的制度をつくり出し、民主主義を否定する帝国主義と民主主義を目ざす大衆との敵対を尖鋭にする。資本主義と帝国主義を打倒することは、どのような、どんなに「理想的な」民主主義的改造によっても不可能で、ただ経済的変革によってはじめて可能であるが、民主主義を求める闘争の中で教育されていないプロレタリアートは、経済的変革をなしとげる能力をもたない。銀行をとることなしには、生産手段に対する私的所有を廃止することなしには、資本主義を打ちまかすことはできないが、ブルジョワジーから奪取した生産手段を全人民で民主主義的に管理することを組織せずには、全勤労大衆、プロレタリアも、半プロレタリアも、小農民も引きつけて、彼ら自身の隊列、彼ら自身の力、彼ら自身の国事参与を民主主義的に組織させることなしには、これらの革命的措置を実現することはできない。

帝国主義戦争は、いわば三重に、民主主義の否定である（イ）あらゆる戦争は「権利」を暴力に変える。（ロ）帝国主義は一般に民主主義の否定である。（ハ）帝国主義戦争は、共和制を君主制とまったく等しいものにする）。しかし、帝国主義に反対する社会主義的蜂起の目ざめと成長は、民主主義的な反撃と憤激の成長と切りはなしがたく結びついている。社会主義はあらゆる国家の死滅へ、したがってあらゆる民主主義の死滅へ導く。社会主義はプロレタリアートの独裁を通じる以外には実現されえないが、プロレタリアート独裁は、ブルジョワジー、すなわち住民の少数者に対する暴力を民主主義の完全な発展、すなわちあらゆる国事への、資本主義の清算というあらゆる複雑な問題への全住民大衆の真に対等な、真に全般的な参加の完全な発展と結合するものなのである。（「ペ・キエフスキー（ユ・ピャタコーフ）への手紙」一九一六年八―九月）

社会主義は、二つの意味で、民主主義がなければ、不可能である。(1)プロレタリアートは、民主主義を目ざす闘争で社会主義革命の準備をつまなければ、この革命をなしとげることはできない。(2)勝利した社会主義は、民主主義を完全に実現しなければ、自らの勝利をもちこたえ、人類を国家の死滅へ導くことができない。だから、社会主義になれば、自決〔民族の自決〕はよけいだというのは、社会主義になれば、民主主義はよけいだというのと同じほど馬鹿げたことであり、どうしようもない混乱である。

（「マルクス主義の戯画と『帝国主義的経済主義』とについて」）

展望

疑いもなく、迫りくるヨーロッパ革命における迫りくる戦闘の形態やきっかけは、多くの点で、ロシア革命の形態と異なるであろう。

だが、それにもかかわらず、ロシア革命は――まさに私がすでにいったこの言葉の特別な意味でのプロレタリア的性格のために――引きつづき、迫りくるヨーロッパ革命の序曲をなす。疑いもなく、この迫りくる革命はプロレタリア革命でしかありえない。しかもこの言葉のさらに深い意味において、つまりその内容においても、プロレタリア的、社会主義的な革命でしかありえない。この迫りくる革命は、一方では、はげしい戦闘、まさに内戦のみが資本の軛《くびき》から人類を解放することができることを、他方では、階級的に意識あるプロレタリアのみが被搾取者の圧倒的大多数の指導者として登場することができ、登場するであろうことを、はるかに大々的に示すであろう。

われわれは、ヨーロッパの今日の墓場のような静けさにだまされてはならない。ヨーロッパは革命をはらんでいる。帝国主義戦争のおそるべき惨禍、物価騰貴の苦しみは、いたるところで革命的気分を生み出しており、支配階級であるブルジョワジーとその手先である各国政府はますます袋小路に入り込んでいる。そこからのがれる活路はこの上なく巨大な震撼なしには一般には見つからないのである。

一九〇五年のロシアで、プロレタリアートの指導のもとに、ツァーリ政府に対して、民主共和制の獲得を目的とする人民蜂起がはじまったように、近年、まさにこの強盗戦争と関連して、ヨーロッパにおいては、プロレタリアートの指導のもとに、金融資本の権力に対し、巨大銀行に対し、資本家に対する人民の蜂起に立ちいたるであろう。そしてこの震撼は、ブルジョワジーの収奪、社会主義の勝利をもって終わる以外にはない。

われわれ老人はこの迫りくる革命の決定的戦闘のときを、おそらく生きて迎えることはないであろう。しかし、私は大いなる確信をもって、次のような希望を表明してよいと思う。スイスや全世界の社会主義運動でこのようにすばらしい活動をおこなっている青年たちは、この迫りくるプロレタリア革命において闘うだけでなく、さらに勝利もする幸せをもつであろう。

（「一九〇五年革命についての講演」一九一七年一月）

1919年３月29日に撮影されたレーニンの写真

Ⅳ　社会主義革命の道

1917年７月４日、七月事件の日のペトログラードの様子

一九一七年二月ロシアでついに革命がおこった。その革命が四七歳の亡命革命家レーニンにとって夢のようなチャンスを与えた。ロシア革命は世界戦争に立ち向かう世界社会主義革命の尖兵になりうるし、ならねばならない。レーニンは帰国前からロシアの革命を帝政打倒の民主主義革命から帝国主義否定の社会主義革命へ進めさせる方策を考えはじめ、封印列車で帰国するや、「全権力をソヴィエトへ」と叫んで四月テーゼをボリシェヴィキ党にのませた。

その結果、七月事件以後、レーニンは臨時政府のお尋ね者となり、革命ロシアの地下に潜行した。そこで『国家と革命』というユートピアの書を書いたが、より重要なのは、ブハーリンの研究から学んだドイツの戦時国家資本主義論を発展させ、革命的民主主義国家がドイツの国家独占資本主義をにぎれば、ロシアも社会主義へ直行できるとの確信をうみだしたことである。レーニンは一〇月には隠れ家をでて、カツラをかぶって、革命の本部スモーリヌイ学院へ姿を現わし、ボリシェヴィキ党に武装蜂起をよびかけた。だが、現実の革命はトロツキーの指揮のもと、ペトログラード・ソヴィエトが臨時政府をおしのけて、権力を掌握するというかたちで実現した。レーニンは判断の誤りに気付き、平和、土地にかんする両布告と軍隊民主化、憲法制定会議選挙を実現する十月革命を宣言し、臨時労農政府首班の地位をにぎった。

一九一八年一月エスエル党を第一党とする憲法制定会議が成立すると、レーニンの政府、人民委員会議は憲法制定会議を解散させ、ソヴィエト共和国の成立を宣言し、社会主義革命を開始した。革命はこれに反対するすべての勢力に対する国内戦争であった。戦う相手は、ドイツ軍、ドイツと講和を結んだあとには欧米日本の干渉軍、反逆した左派エスエル、チェコ軍団、憲法制定会議の復活をもとめるエスエル、メンシェヴィキ、白衛軍の将軍たち、マフノの農民軍、ロシアの農民一般であった。レーニン政権は徴兵制の赤軍をつくり出し、赤色テロルを発動するプロレタリアート独裁の政府となって、国内戦争をたたかいぬいた。

一九二一年、外からの敵も、内からの敵も打ち破られ、国内戦争は終わった。そのとき、レーニンの政府は巨大な反政府勢力、農民大衆と対面し、タムボフの農民戦争はたたきつぶしたが、農民大衆の存在をみとめ、共存することに同意した。社会主義革命は中断となり、レーニンはネップのロシアの中で農民を協同組合員化するスロー・テンポの改革に期待をかけるほかなかった。

レーニンの最後の夢は「ヨーロッパ＝アジア（ユーラシア）ソヴィエト共和国連合」にかけられたが、国名はスターリンによって退けられ、ただのソヴィエト社会主義共和国連邦となった。そして一九二二年一二月レーニンはテロの後遺症からくる発作をおこし、スターリンとの最後の闘争をおこなった末に、生ける廃人として、一年を過ごした。

一　一九一七年革命

二月革命

親愛なる友よ

ビラを同封し、合わせてこの件での私の心からのお祝いを送る。

当分誰にもわたさないでほしい。これが部分的にはロシア人から出ているということは、誰も知らない方がよいだろう。そのことをウシエーヴィッチか誰かがうっかりしゃべってはいないだろうか。

広めるのはスイスのグループにやらせよう。

チューリヒでのわれわれは、今日は興奮状態だ。三月一五日付の『チューリヒャー・ポスト』と『ノイエ・チューリヒャー・ツァイトゥンク』に、ロシアでは、三月一四日、三日間の闘いののちピーチェル〔ペトログラード〕で革命が勝利した、一二人の国会議員が権力の座につき、大臣たちは全員逮捕されたとの電報がのったのだ。

ドイツ人がうそをついていないなら、これは真実だ。ロシアが最近、革命前夜にあったことは、疑いない。スカンヂナヴィヤにも行くことができないというので、私は、われを忘れんばかりだ。一九一五年に危険を冒しても出かけなかったことで、自分を許すことができない。

ごきげんよう　あなたのレーニン

（「イネッサ・アルマンドあての手紙」一九一七年三月一五日付）

現時点、一九一七年三月一七日、ロシアからチューリヒに入ってくる情報はすこぶるとぼしく、しかも、いまわが国では、事件がすこぶる急速に進展しているので、事態についての判断は非常に慎重にくだす以外にない。

昨日の電報は、ツァーリがすでに退位し、オクチャブリスト＝カデット的な新政府がすでにロマノフ王朝の他の代表者と協定を結んだように報じている。今日は、ツァーリがまだ退位しておらず、どこにいるかわからないというイギリス発の報道がある。〔……〕

ペテルブルクで権力を奪取した新政府、より正しくは英雄的な流血の闘争に勝利したプロレタリアートの手から権力をもぎとった新政府は、自由主義的ブルジョワと地主からなっている。民主主義的農民と、おそらくブルジョワ的な道に引き入れられ、国際主義を忘れてしまった労働者の一部とを代表するケレンスキーは、彼らのいうなりになっている。新政府は、ドイツとの帝国主義戦争、すなわち英仏の帝国主義政府と同盟した戦争、他国、つまりアルメニア、ガリツィヤ、コンスタンティノープル等々の略奪と征服のための戦争の名うての支持者、擁護者たちからなっている。

新政府はロシアの人民に（戦争によってわれわれと結びつけられた諸民族にも）平和も、パンも、完全な自由も与えることができない。〔……〕

人民に平和、パン、完全な自由を与えられるのは、第一には、農民人口の大多数、農村労働者と極貧農に依拠し、第二には、すべての交戦国の革命的労働者との同盟に依拠する労働者政府のみである。

だから、革命的プロレタリアートは三月一日（西暦一四日）の革命を、自分たちの偉大なる道における最初の、まだとても完全ではない勝利としてしかみることができないし、民主共和制と社会主義の獲得を目ざす闘争を継続するという任務を自らに課さないわけにはいかない。

（「一九一七年三月四日〔一七日〕のテーゼの下書」）

四月テーゼ

1　戦争は、ロシアの側からすれば、リヴォーフ〔自由主義的貴族地主、臨時政府首相〕一派の新政府のもとでは、この政府が資本家的性格をもっているため、相変わらず無条件に略奪的な帝国主義戦争であるので、この戦争に対するわれわれの態度において、「革命的祖国防衛主義」にいささかでも譲歩することは許されない。

自覚したプロレタリアートが、革命的祖国防衛主義を本当に正当化する革命戦争に同意できるのは、次の条件がみたされる場合だけである。(イ)権力がプロレタリアートとそれに味方する極貧農の手に移ったこと、(ロ)口先だけでなく、実際に、一切の領土併合を放棄すること、(ハ)実際に、資本のあらゆる利益と完全に手を切ること。

戦争を征服のためではなく、やむをえないものとして認めているにすぎない革命的祖国防衛主義派大衆の広範な層は疑いもなく善意なのであって、つまり彼らはブルジョワジーによって欺かれているので、彼らにはとくにくわしく、根気よく、忍耐づよく彼らの誤りを説明してやり、帝国主義戦争と資本との切っても切れない関係を説明してやり、戦争を、暴力的でない、真に民主的な講和で終わらせるのは、資本を打倒しなければ不可能であることを証明してやらなければならない。

前線の軍隊の中でこの見解をもっとも広範に宣伝すること。

ブラターニエだ［敵軍の塹壕の兵士と心をかよわせ、不戦の意志を確認する行動］。

2　ロシアにおける現在の時機の特異性は、プロレタリアートの意識性と組織性が不十分なためにブルジョワジーに権力を与えてしまった革命の第一段階より、プロレタリアートと極貧農層の手中に権力を与えるはずの第二段階への過渡ということにある。

この過渡は、第一に、最大限の合法性ということ（ロシアはいま世界のすべての交戦国中もっとも自由な国である）、第二に、大衆に対する強制がないこと、第三に、大衆が資本家、この平和と社会主義の最悪の敵の政府に対して無自覚的な軽信する態度をとっていること、によって特徴づけられる。

このような特異性がわれわれに要求するのは、政治生活に目ざめたばかりの、これまでに聞いたこともないほど広範なプロレタリアート大衆のあいだでの党工作の特殊な条件に適応する能力である。
3　臨時政府を一切支持しないこと。政府のすべての約束、とくに領土併合を放棄するという約束はまったく偽りであることを説明すること。この政府、資本家の政府に帝国主義的であることをやめよという、許しがたい、幻想を植えつける「要求」を出すのではなく、暴露すること。
4　大多数の労働者ソヴィエトでわが党は少数派であること、人民社会主義者、エスエルから組織委員会派（チヘイゼ、ツェレチェリその他）、スチェクロフ等々にいたるまでの、すべての小ブルジョワ日和見主義的な分子、ブルジョワジーの影響に屈服し、その影響をプロレタリアートのところへ伝達する分子のブロックに対して、さしあたりまったくの少数派であることを認めること。

労働者ソヴィエトは唯一可能な革命政府の形態であり、したがって、この政府がブルジョワジーの影響に屈しているうちは、われわれの任務は、忍耐づよく、系統的に、根気よく、とくに大衆の実践的欲求に適応したやり方で、彼らの戦術の誤りを説明することにほかならないということを、大衆に説明すること。

5　議会制共和国――労働者ソヴィエトからそれにもどるのは一歩後退であろう――ではなくて、全国的に、下から上まで、労働者・雇農・農民ソヴィエト共和国を。

警察、軍隊、官僚の廃止。

官吏はすべて選挙され、いつなんどきでも交代させうることにして、その給料は、よい労働者の平均賃金をこえないようにする。

6　農業綱領では、重心を雇農ソヴィエトに移すこと。

すべての地主地の没収。

国内のすべての土地を国有化し、土地の処分は地域の雇農・農民ソヴィエトにゆだねること。

極貧農ソヴィエトを独立させること。各大所領に（地域的な条件その他の条件により、地域の機関の決定にしたがって、ほぼ一〇〇デシャチーナから三〇〇デシャチーナの規模のうちで）

雇農代表の統制のもとに、公共の費用で模範経営をつくること。

7　国内のすべての銀行をただちに統合して、単一の全国的銀行をつくり、労働者ソヴィエトがそれに対する統制を実施すること。

8　われわれの直接の課題は、社会主義を「導入する」ことではなく、社会的生産と生産物の分配に対する労働者ソヴィエトの統制にいますぐ移ることにすぎない。

9　党の課題

(イ)党大会の即時招集

(ロ)党綱領の改訂。そのおもな点は

(1)帝国主義と帝国主義戦争について

(2)国家に対する態度について、および「コミューン国家」というわれわれの要求

(3)古くなった最小限綱領の修正

(ハ)党名の変更

10　インタナショナルの革新

革命的インタナショナル、すなわち社会排外主義者と「中央派」と闘うインタナショナルを創出するイニシャティヴをとること。

（「現在の革命におけるプロレタリアートの任務について」、『プラウダ』一九一七年四月七日）

戦争経済が社会主義を近づける

すべての交戦国家は、戦争の極度の重荷と惨禍を経験し、程度の差こそあれ経済の崩壊と飢餓を経験したため、ひさしい前から多くの統制策を立案し、決定し、適用し、試験しているが、それらの方策はほとんどつねに、国家の代表の参加のもとに、国家の監督等々のもとに、住民を統合し、各種の団体を設立もしくは奨励することに帰着する。このような統制策はすべてひろく知られており、それらについては多くのことが語られたり、書かれたりしている。先進交戦列強が公布した統制にかんする法律は、ロシア語に訳されるか、ロシアの刊行物にくわしく述べられている。

もしもわが国家が実務的に、真剣に、統制を実現しようと本当に望むなら、もしもわが国家の諸機関が資本家に対して奴隷的態度をとったために、自らを「完全なる無為」の運命におち込ませなかったなら、国家としては、すでに知られており、適用ずみの統制策のこの上なく豊富な貯えの中から、存分に汲み出しさえすればよかったのだ。それを妨げた唯一の障害――カデット、エスエル、メンシェヴィキが人民の目からかくしている障害は、統制が資本家のものすごい利潤を明らかにし、この利潤をそこなうだろうということであったし、いまも変わらずにそうである。

（「さしせまる破局、それとどう闘うか」一九一七年九月）

国家とは何か？　それは支配階級の組織であり、たとえば、ドイツではユンカーと資本家の組織である。したがってドイツのプレハーノフら〔……〕が『戦争社会主義』と名付けているものは、実際には戦時国家独占資本主義である。〔……〕さてユンカー・資本家国家のかわりに、〔……〕革命的民主主義国家を〔……〕持ってきたまえ。そうすれば、真に革命的民主主義的な国家の下では、国家独占資本主義が、不可避的に社会主義へ向かっての一歩あるいは数歩を意味することがわかるだろう。

なぜなら、もしも巨大な資本主義企業が〔……〕国家独占体になったとすれば、それは国家〔……〕が、この企業全体を指導することを意味する。〔……〕地主と資本家の利益のためか。このばあいは、〔……〕反動的・官僚的国家、帝国主義的共和国ということとなる。それとも革命的民主主義派の利益のためか。このばあいは、それは社会主義に向かっての一歩である。

なぜなら、社会主義は、国家資本主義的独占からの、つぎの一歩前進にほかならないからである。いいかえれば、社会主義とは、全人民の利益を目ざすようになった、そのかぎりで資本主義的独占でなくなった、国家資本主義的独占にほかならないのである。

（「さしせまる破局、それとどう闘うか」）

戦争は独占資本主義の国家独占資本主義への転化を異常に促進し、そのことによって人類を社会主義へ異常に近づけた。歴史の弁証法は、まさにこのようなものである。

帝国主義戦争は社会主義革命の前夜である。そしてこれは、戦争がその惨禍によってプロレタリアの蜂起を生み出すからだけでなく——もしも社会主義が経済的に成熟していなければ、いかなる蜂起も社会主義をつくり出さないであろう——国家独占資本主義が社会主義のためのもっとも完全なる物質的準備であり、その前夜であり、その一段と社会主義とよばれる一段のあいだには、いかなる中間の段もないような、歴史の階段の一段であるからである。

（「さしせまる破局、それとどう闘うか」）

革命国家のユートピア

かくして、コミューンは、粉砕した国家機構を、より完全な民主主義に代えた「だけ」であるかのように、常備軍を廃止し、すべての公務員の完全な選挙制とリコール制を採った「だけ」であるかのように、見える。だが実は、この「だけ」は、ある制度を原則的に異なった別の制度に代えるという巨大なことを意味しているのである。ここには、まさに「量から質への転化」の一事例が認められる。すなわち、民主主義を一般に考えられるかぎりで、もっとも完全に、もっとも徹底的におこなうと、ブルジョワ民主主義からプロレタリア民主主義に転化していき、国家（＝一定の階級を鎮圧するための特殊な力）から、もはや本来の意味での国家ではない何ものかに転化していくのである。

ブルジョワジーとその反抗を鎮圧することは、依然として必要である。コミューンにとっては、このことはとくに必要なことであった。コミューンの敗北の原因の一つは、これを十分に断行しなかったことにある。だが、この場合、鎮圧機関となるのは、すでに住民の多数者なのであって、奴隷制のもとでも、農奴制のもとでも、賃金奴隷制のもとでもつねにそうであったように、住民の少数者ではない。ところで、ひとたび人民の多数者が自ら自分の抑圧者を鎮圧することになると、鎮圧のための「特殊な力」はもはや必要ではなくなる。この意味で、国家は死滅しはじめるのである。特権的少数者の特殊な制度（特権的な官吏、常備軍の指揮幹部）に代わって、多数者自らが、直接このことを遂行することができる。国家権力の機能を果たすことそのものが全人民のものになればなるほど、国家権力の必要度はすくなくなるのである。

この点でとくに注目に値するのは、マルクスが強調しているコミューンのとった措置、すなわち議員に対する一部の手当の廃止、官吏に対する一切の金銭上の特権の廃止、すべての国家公務員の俸給を「労働者の賃金」なみに引き下げることである。この場合まさにもっとも明瞭に、ブルジョワ民主主義からプロレタリア民主主義への、抑圧者の民主主義から被抑圧階級の民主主義への、一定の階級を鎮圧するための「特殊な力」としての国家から人民の多数者である労働者・農民の全体の力による抑圧者の鎮圧への急転換が現われている。だのに、まさにこのとくに明瞭な点で、国家の問題についてはおそらくもっとも重要な点で、マルクスの教訓がもっとも忘れられているのである。一般向けの註釈書――それは無数にある――には、このことについては述べられていない。時代おくれの「無邪気な考え」であるかのように、このことを黙殺するのが「ならわし」である。キリスト教が国教の地位をえたあとは、キリスト教徒が民主主義的・革命的精神をもった原始キリスト教の「無邪気な考え」を、「忘れてしまった」のと同じである。

高級国家官吏の俸給の引き下げは、無邪気な、原始的な民主主義の要求という「だけ」のことと見える。最新の日和見主義の「創始者」の一人で、元社会民主主義者エドゥアルト・ベルンシュタインは、一度ならず、「原始的」民主主義に対する卑俗なブルジョワ的な嘲笑をくりかえすのにはげんだ。すべての日和見主義者や今日のカウツキー主義者と同じく、彼は次の二点をまったく理解しなかった。第一に、資本主義から社会主義への移行は「原始的」民主主義への一定の「回帰」なくしては不可能である（なぜなら、そうでなければ、住民の大多数、いや一人のこらずすべての住民によって国家機能を果たすのに、どのようにして移っていけるのか）。第二に、資本主義と資本主義文化を基礎とする「原始的民主主義」は、原始時代や資本主義以前の時代の原始的民主主義とは別のものである。資本主義文化は、大生産、工場、鉄道、郵便、電話等々をつくり出した。そしてこのことを基盤として、旧「国家権力」の機能の圧倒的大部分は、きわめて単純化され、登録、記入、点検といったこの上なく単純な作業に還元させることができるので、この機能は、読み書きのできる人なら誰でもまったく容易にやりうるものとなり、これらの機能は、普通の「労働者の賃金」なみの報酬で完全に果たしうるようになり、これらの機能から、なんらかの特権的な、「指揮官的」なもののあらゆる影をとりのぞくことができるのである（またとりのぞくべきである）。

例外なしにすべての公務員を完全に選挙で決め、好きなときに更迭させられること、彼らの俸給を普通の「労働者の賃金」なみに引き下げること――このような単純な、「自明の」民主主義的な措置は、労働者と大多数の農民の利害を完全に一致させ、同時に資本主義から社会主義へ通じるかけ橋となる。これらの措置は社会の国家的、純政治的な改造にかかわるものであるが、もとよりそれが完全にその意味と意義をもつにいたるのは、「収奪者の収奪」の実現ないし準備と結びつくとき、すなわち生産手段に対する資本主義的私的所有より社会的所有への移行と結びつくときである。

（『国家と革命』一九一七年八―九月）

農民革命の承認

農民の土地要求は、付託要求書のまとめ〔一九一七年五月の第一回全ロシア農民大会へ代表が持参した二四二通の付託要求書をまとめた模範要求書のこと。八月発表〕によると、まず、農民の土地もふくめ、あらゆる種類の土地に対する私的所有を無償で廃止すること、高度に発達した経営がなされている土地区劃《くかく》は国家または共同体にひきわたすこと、没収された土地に関係する家畜と農具をすべて没収し（土地をあまりもたない農民はのぞく）、国家または共同体にひきわたすこと、賃労働を禁止すること、勤労する者のあいだで土地を平等に分配し、定期的に割替をおこなうこと、等々である。憲法制定会議の招集までの過渡的措置としては、農民は、土地売買を禁止する法律を即時公布すること、共同体からの脱退、オートルプ〔共同体から脱退して、私有地となった散在耕地を一カ所にまとめたもの〕等々について定めた法律〔ストルイピンの土地改革法〕を撤廃すること、森林、漁業その他の営業の保護についての法律や長期借地契約を無効とし、短期借地契約を改訂させる法律を公布すること等々を要求している。

これらの要求を少し考えてみるだけでも、資本家と同盟していては、資本家と完全に手を切らず、資本家階級とこの上なく断固とした、容赦ない闘争をおこなうことなく、その支配を打ち倒さなくては、これらの要求を実現することは、まったく不可能なことがわかる。

エスエルは、こうした改造が、この種の改造が、資本家の支配を打倒しなくても、全国家権力をプロレタリアートに移さなくても、資本家をおさえるプロレタリア国家権力のこの上なく断固たる革命的方策を極貧農が支持しなくても、可能であるかのような考えを認め、広めているが、まさにこの点で彼らは自らを欺き、農民をも欺いているのである。〔……〕

エスエルは農民のどんな綱領にも、どんなに革命的な綱領にも署名するが、彼らはこの綱領を実行しないつもりであり、それを棚上げして、農民をまったくの空約束で欺くつもりであって、実際には連立政府に入って、カデットとの「協調」を数カ月もやっていたのである。

エスエルが、このようにひどく、実践的に、直接的に、肌に感じられるように、農民の利益を裏切ったことは、事態を極度に変化させている。この変化を考慮に入れなければならない。

〔……〕

歴史は、戦争によって早められ、はるかに前進したので、古い定式に新しい内容がもられるようになった。「賃労働の禁止」は、以前には小ブルジョワ・インテリゲンツィヤの空文句を意味するものでしかなかった。だが、いまでは、それは、生活の中で別のことを意味している。幾百万の貧農は、賃労働の廃止にまですすみたいと思っているが、どうしたらよいかわからないと、二四二通の付託要求書の中で語っているのである。われわれはどうすればよいか知っている。われわれは、労働者と同盟し、彼らの指導のもとで、資本家と「協調する」のではなく、資本家と対決することによって、はじめてそうできるということを知っている。

いまでは、エスエルに対するわれわれの宣伝煽動の基本線、農民に対してわれわれのおこなう演説の基本線は、まさに次のように変えられなければならない。

農民の同志諸君、エスエル党は諸君を裏切った。エスエル党はあばら家を裏切って、宮殿の味方についた。君主の宮殿ではないが、革命、とくに農民革命の最悪の敵であるカデットがチェルノフやペシェホーノフ〔人民社会主義者〕、アフクセンチエフ〔エスエル〕らと同じ政府に椅子をならべている、宮殿の味方についたのだ。

革命的プロレタリアートだけが、プロレタリアートを統合する前衛であるボリシェヴィキ党だけが、二四二通の付託要求書に述べられた貧農の綱領を実際に実行できる。なぜなら、革命的プロレタリアートは、労働者を雇うのを禁止したり、賃労働を「禁止」したりすることによってではなく、資本を打倒するという唯一の正しい道によって、本当に賃労働の廃止に向かってすすんでいるからである。

（「政論家の日記から」一九一七年九月）

武装蜂起を呼びかけるレーニン

ボリシェヴィキは、両首都の労兵ソヴィエトで多数を占めたので、国家権力を自らの手に握ることができるし、握らなければならない。

できるというのは、両首都の人民の革命的分子の積極的な多数者をもてば、大衆を引きつけ、敵の反抗をうちやぶり、それを粉砕し、権力を獲得し、それを維持するのに十分だからである。民主主義会議は、革命的人民の多数者を代表しておらず、協調主義的な小ブルジョワ的上層を代表しているにすぎない。〔……〕民主主義会議は農民に平和も土地も与えずに、農民を欺いている。ただ一つボリシェヴィキの政府だけが、農民を満足させるであろう。

ボリシェヴィキが『形式上の』多数を占めるまで待つのは、おめでたいことである。どんな革命もそれを待ってはくれない。ケレンスキー一派にしても、待ってはいないで、ピーチェルの明渡しを準備している。〔……〕もしいまわれわれが権力を握らないなら、歴史はわれわれを許さないであろう。

（「ボリシェヴィキは権力を握らなければならない」一九一七年九月一二～一四日）

十月革命

労働者、兵士、農民諸君へ

第二回全ロシア労兵ソヴィエト大会は開会された。大会には圧倒的大多数のソヴィエトが代表を出している。大会には農民ソヴィエトからも多くの代表が出席している。協調主義的な中央執行委員会の全権は終わった。大会は、労働者、兵士の圧倒的多数の意志に依拠し、ペトログラードで遂行された労働者と守備隊の蜂起の勝利に依拠して、権力を自らの手ににぎるものである。

臨時政府は打倒された。臨時政府の閣僚は大部分すでに逮捕された。

ソヴィエト権力は、すべての諸国民に即時の民主主義的講和を提案し、また全戦線での即時休戦を提案する。ソヴィエト権力は、地主、皇室、修道院の土地を無償で農民委員会の処理に移すことを保障し、兵士の権利を擁護して、軍隊の完全な民主化を遂行し、生産に対する労働者統制を確立し、適当な時期に憲法制定会議を招集することを保障し、都市には穀物、農村には生活必需品を供給するように配慮し、ロシアに居住するすべての民族に真の自決権を保障する。

大会は次のように決定する。地方の全権力は労兵農ソヴィエトに移る。労兵農ソヴィエトは真の革命的秩序をまさに確保しなければならない。

大会は塹壕内の兵士に、警戒心をもち、がんばるように訴える。ソヴィエト大会は、新政府がすべての諸国民に直接提案する民主主義的講和の締結をかちとるまで、革命軍が帝国主義のあらゆる侵害から革命を守ってくれるものと確信する。新政府は、有産階級に対する断固たる徴発と課税の政策によって革命軍に必要なものはすべて保障するため、また兵士の家族の状態を改善するため、あらゆる方策をとるであろう。

コルニーロフ派——ケレンスキー、カレーヂンその他——はペトログラードに軍隊を向けようと試みている。ケレンスキーによって欺瞞的なやり方で出動させられたいくつかの部隊は、蜂起した人民の側についてしまった。

兵士諸君、コルニーロフ派ケレンスキーに積極的に抵抗せよ。警戒をゆるめるな。

鉄道員諸君、ケレンスキーがペトログラードにおくるすべての軍用列車をとめよ。
兵士、労働者、職員諸君——革命の運命と民主主義的講和の運命は諸君の手中にある。
革命万歳
全ロシア労兵ソヴィエト大会
農民ソヴィエト代表
（「第二回全ロシア労兵ソヴィエト大会」一九一七年一〇月二五日）

一〇月二四—二五日の革命によって樹立され、労働者・兵士・農民ソヴィエトに依拠する労農政府は、すべての交戦諸国民とその政府に対し、公正なる民主主義的講和についてただちに交渉をはじめるよう提案するものである。

公正な、民主主義的な講和とは、戦争で疲れ切って、苦しみぬき、憔悴した、すべての交戦国の労働者と勤労階級の圧倒的大多数が渇望してやまないものであり、ツァーリ君主制打倒ののち、ロシアの労働者と農民がもっとも明確に、頑強に要求してきたものであるが、政府がこのような講和だとみなすのは、無併合の（すなわち他国の土地を奪うことなく、他民族を暴力的に併合することのない）、無償金の即時講和である。

ロシア政府はこのような講和を結ぶことをただちにすべての交戦諸国民に提案し、すべての国とすべての民族の人民代表の全権を与えられた会議でこのような講和のすべての条件が最終的に確認されるときまで、一瞬の遅滞なく、あらゆる断固たる行動をただちにとる用意があることを表明する。

（「平和にかんする布告」一九一七年一〇月二五日）

この席では、布告〔土地にかんする布告〕そのものと付託要求書はエスエルがつくったものだとの声があがっている。それでもかまわない。誰がつくったものかはどうでもよいことではないか。だが、民主主義政府としてはわれわれは、たとえ同意できなくとも、下層人民の決定を避けて通ることはできないのだ。実生活の試練をうければ、その決定を実践に移し、各地で実施していけば、農民は自分でどこにプラウダがあるかを理解するだろう。そしてもしも農民が今後もエスエルのあとについていくとしても、憲法制定会議でこの党に過半数を与えるとしても、その場合もわれわれは、それでもかまわないというだろう。実生活こそが最良の教師であり、誰が正しいかを教えてくれるだろう。農民が向こうの端からこの問題を解決しようとするなら、われわれはこちらの端から問題を解決していくというふうにすればよい。実生活が、革命的創造の全体の流れの中で、新しい国家形態をつくり上げていく中で、われわれを否応なしに接近させるだろう。われわれは実生活にしたがっていかなければならない。われわれは人民大衆に完全な創造の自由を提供しなければならない。武装蜂起によって打倒された旧政府は、もとのままの古いツァーリ官僚制の助けをかりて土地問題を解決しようとした。しかし官僚たちは、問題を解決する代わりに農民と闘っただけであった。農民はこの国の八カ月の革命のあいだに何事かを学んでいる。彼らは土地問題をすべて自分で解決しようと望んでいる。だからわれわれは、この法案に修正を加えることに一切反対なのである。われわれは詳細にすることを望まない。なぜなら、われわれは布告を書いているのであって、行動綱領を書いているのではないからである。ロシアは広大であり、その地方ごとの条件はさまざまである。われわれは、農民自身が、われわれよりもっとうまく、正しく、そうすべきであるように、問題を解決することができると信じている。われわれの流儀であろうと、エスエルの綱領式であろうと――要点はそんなところにはない。要は、農民が、村にはもはや地主はいないと確信をもつことであり、農民が自分で一切の問題を解決していく、自分で自分の生活をつくり上げていくままにさせることとである。

（「第二回ソヴィエト大会での演説」一九一七年一〇月二六日）

労農臨時政府

労兵農ソヴィエト全ロシア大会は次のように決定する。

憲法制定会議が招集されるまで、国を統治するために、労農臨時政府を創設し、これを人民委員会議と呼ぶ。〔……〕

現在、人民委員会議は次の人々によって構成されている。
会議議長　ヴラジーミル・ウリヤーノフ（レーニン）
〔……〕
外務人民委員　エリ・デ・ブロンシチェイン（トロツキー）
〔……〕
民族問題委員会議長　イ・ヴェ・ジュガシヴィーリ（スターリン）

（「第二回ソヴィエト大会」一九一七年一〇月二七日）

軍隊民主化法制定

全軍人の権利の平等化についての法令　一九一七年一二月一六日

軍隊における以前の不平等のすべての残滓をもっともすみやかに、決定的に根絶したいという革命的人民の意志を実現するために、人民委員会議は決定する。

(1)軍隊内のすべての位と称号は、上等兵から大将にいたるまで、廃止される。

〔……〕

(4)すべての勲章と名誉徽章は廃止される。

〔……〕

(6)現行軍に存在する従卒制度は廃止される。

人民委員会議議長　V・ウリヤーノフ（レーニン）

（『ソヴィエト権力の布告』第一巻）

軍隊における選挙制と権力の組織についての法令　一九一七年一二月一六日

(1)勤労人民の意志に奉仕する軍隊はこの意志の最高表現者——人民委員会議に従う。

(2)各軍部隊とその分隊の範囲での権力はすべて完全に対応する兵士委員会とソヴィエトに属する。

(3)すでに委員会の管轄に属する軍隊の生活と活動の分野はいまや委員会の指導に従う。

〔……〕

(4)指揮部の構成と指揮官の選挙制を導入する。連隊長にいたるまで司令官は各分隊、小隊、中隊、大隊、連隊の総投票によって選ばれる。連隊以上の司令官は最高総司令官にいたるまで、当該の委員会のもとにある当該の大会や会議で選ばれる。

〔……〕

人民委員会議議長　V・ウリヤーノフ（レーニン）

（『ソヴィエト権力の布告』第一巻）

二　社会主義的内戦とプロレタリア独裁

憲法制定会議を解散する

ロシア革命は、完全な政治的および経済的解放のための全勤労被搾取階級の闘争を、ただひとり指導することのできる、この階級の大衆組織としての、労働者・兵士・農民代表ソヴィエトを、そもそもの制約から、前面に押し出した。

〔……〕

十月革命前に作成された侵略者名簿によって選挙された憲法制定会議は、協調派とカデットが権力をにぎっていた当時の政治勢力の古い相互関係をあらわしたものである。その当時、人民は、エスエル党の候補者に投票するにあたって、〔……〕エスエル右派と社会主義の味方であるエスエル左派とをえりわけることができなかった。こうして、ブルジョワ的議会制共和国の頂点になるはずであった憲法制定会議は、十月革命とソヴィエト権力の進路をさまたげるものにならざるをえなかったのである〔……〕。

一月五日に開催された憲法制定会議では、〔……〕エスエル右派の党、ケレンスキー、アフクセンチエフ、チェルノフの党が多数を占めている。当然に、この党は、ソヴィエト権力の綱領をみとめ、『勤労被搾取人民の権利の宣言』を認め、十月革命〔……〕を認めよという、〔……〕ソヴィエト中央執行委員会の〔……〕提案を審議することを拒絶した〔……〕。実際に、エスエルの党とメンシェヴィキの党は、憲法制定会議の壁のそとで、ソヴィエト権力にたいして死にものぐるいにたたかっており、その機関紙のなかでソヴィエト権力の打倒を公然とよびかけている〔……〕。

だから中央執行委員会は、つぎのように決定する。

憲法制定会議を解散する。

（「憲法制定会議の解散についての布告草案」一九一八年一月六日）

勤労被搾取人民の権利の宣言

I

(1)ロシアは労働者兵士農民代表ソヴィエト共和国であると宣言される。中央と地域の全権力はこのソヴィエトに属す。

(2)ソヴィエト・ロシア共和国はソヴィエト民族共和国の連合として、自由な諸国民の自由な同盟に立脚する。

Ⅱ

第三回全ロシア・ソヴィエト大会は、人間による人間のあらゆる搾取を廃絶し、社会の階級分裂を完全に除去し、搾取者を無慈悲に鎮圧し、社会主義的社会組織を確立し、すべての国に社会主義を勝利させることを自らの基本課題とし、以下のように決定する。〔……〕

（一九一八年一月一二（二五）日採択、一八（三一）日再度採択）

われわれは、資本家の支配をほりくずす多くの方策をはじめた。われわれは、われわれの権力があらゆる機関の活動を一つの原則によって統合しなければならなかったことを知っている。そしてわれわれは、この原則を、「ロシアは社会主義ソヴィエト共和国と宣言される」という言葉で表現している。これは、われわれが将来、なさなければならないこと、またすでになしはじめていることにもとづくプラウダ（真実）となるであろう。

（「人民委員会議の活動報告」一九一八年一月一一（二四）日）

社会主義の祖国は危機にある

人民委員会議は、つぎのように決定する。⑴国のすべての力と手段をことごとく革命的防衛の事業に提供する。⑵すべてのソヴィエトと革命的組織には最後の血の一滴まで各自の持ち場を守る義務がある。〔……〕(5)ペトログラード、キエフ、すべての都市、農村の労働者と農民は、軍事専門家の指導のもとに塹壕掘り部隊を動員しなければならない。(6)これらの部隊には、労働能力のある、ブルジョワ階級の男女全員が赤衛兵の監督のもとにふくめられなければならない。抵抗する者は銃殺する。(7)ソヴィエト権力を打ち倒す目的で、革命的防衛の事業に反対し、ドイツ・ブルジョワジーに味方し、また帝国主義の軍隊の侵攻を利用しようとする出版物はみな発行を禁止される。〔……〕(8)敵のエイジェント、投機者、強盗、無頼漢、反革命煽動者、ドイツのスパイは犯罪の現場で銃殺される。
社会主義の祖国は危機にさらされている。社会主義の祖国万歳。国際社会主義革命万歳。

人民委員会議

（一九一八年二月二一日、ペトログラード）

ドイツ軍との戦闘と講和

国内戦線での勝利は比較的たやすくえられた。なぜなら敵は、技術の面でも組織の面でも、全然優位に立っておらず、しかも、足もとにいかなる経済的基盤もなく、住民大衆の中にいかなる拠点ももたなかったからである。勝利がたやすいものであったことは、多くの指導者の頭を狂わせずにはいなかった。「やすやすと勝てる」という気分が現われた。

戦争から離脱していく、急速に動員解除される軍隊の甚しい解体ぶりを、この人々は見て見ぬふりをした。革命的空文句にへべれけになるまで酔った。そして、この空文句を世界帝国主義との闘争にもち込んだのである。〔……〕

一九一八年二月一八日から二四日にいたる一週間、つまりドヴィンスク陥落からプスコフ陥落（のちに奪還した）までの一週間、ソヴィエト社会主義共和国に対する帝国主義ドイツの軍事的攻勢の一週間は、苦く、腹立たしく、きびしいが、しかし必要であり、有益な、ありがたい教訓である。〔……〕

これまでは、われわれの前に立っていたのは、白痴のロマノフ〔ツァーリ〕、ほら吹きのケレンスキー、士官学校生徒とブルジョワ野郎の匪賊たちといった、みじめな、軽蔑すべきほど情けない（世界帝国主義の観点よりすれば）敵であった。いまでは、われわれに向かって立ちはだかっているのは、文化的な、技術的にも第一級の装備をととのえた、組織的には立派に編成された世界帝国主義の巨人である。これと闘わなければならない、これと闘う能力をもたなければならないのだ。

（「きびしいが、必要な教訓」一九一八年二月）

社会主義革命がブルジョワ革命と異なる点は、後者においては、資本主義的関係のでき上がった形態があるのに、ソヴィエト権力――プロレタリア権力は、資本主義のもっとも発達した形態をもらう以外には、このようなでき上がった関係をうけとるのではないということにある。この資本主義のもっとも発達した形態も、実際には、工業のわずかな上層をとらえているだけで、農業には、まだほとんどふれていないのである。記帳の組織、巨大企業に対する統制、国家の経済的機構全体を単一の巨大機構に、数億人が単一の計画で指導されるように働く経済的有機体に転化させること――これがわれわれの肩に課せられた巨大な組織的課題である。現在の労働の条件のもとでは、この課題が、われわれが内戦の任務を解決するのに成功したときのように、「ウラー〔万歳〕」と叫ぶことによって解決をみることは、けっしてありえなかった。

〔……〕

われわれはここで困難な試練に直面している。この場合は、その客観的な事態からしてカレーヂン軍に対したときのように、旗をひるがえして凱旋行進をやることだけにとどまることはできない。こういう闘争方法を革命の途上に横たわる組織的な課題にふり向けようとする者は、誰であれ、政治家として、社会主義者として、社会主義革命の活動家として、完全なる破産者であろう。

（「第七回党大会での戦争と講和についての報告」一九一八年三月七日）

不幸にも、ドイツ革命は、そんなに早くは進行していない。だが、どちらがどちらを考慮に入れなければならないのか。われわれがドイツ革命をか、ドイツ革命がわれわれをか。諸君は、ドイツ革命が諸君を考慮に入れてくれることを望んだが、歴史は諸君に思い知らせた。これは教訓である。なぜなら、ドイツ革命がなければ、われわれが滅びるだろうということは絶対のイースチナ（真理）であるからだ——おそらくピーチェルやモスクワでは滅びずに、ヴラヂヴォストークとか、あるいはわれわれが流されていくことになるさらにもっと遠い地方で滅びるのであろう〔……〕——が、いずれにしても考えられるかぎりで、どんな急変がおこっても、ドイツ革命がやってこなければ、われわれは滅びてしまうだろう。にもかかわらず、このことは、われわれが、どんなに苦しい状態をも、大言壮語せずに耐えぬくことができなければならないというわれわれの確信を、いささかでもゆるがすものではない。

革命は、われわれが期待していたようには早くこない。このことは歴史が証明した。このことを事実として認めることができなければならない。先進諸国における世界社会主義革命は、ロシアで——ニコライとラスプーチンの国で革命がはじまったようには、容易にはじまりえないということを考慮に入れることができなければならない。ロシアでは、住民の大部分にとっては、辺境にはどんな民族が住んでいるのか、そこでは何がおこっているのかは、まったくどうでもよいことであった。そういう国では、革命をはじめることは、羽毛をもち上げるくらいやさしいことであった。

ところが資本主義が発達し、最後の一人まで民主主義的文化と組織性が与えられている国では、準備もなしに革命をはじめるのは、正しくないし、馬鹿げたことなのである。

（「第七回党大会での戦争と講和についての報告」）

食糧独裁

食糧独裁についての布告の基本的命題

〔……〕

(6)飢餓からすくうために、余剰穀物を私蔵している農民ブルジョワジー、その他のブルジョワジーとの、仮借のないテロル闘争と戦争をおこない、かつ、徹底的におこなうことが必要だという基本的な考えを、もっとつよく強調すること。

(7)余剰穀物をもちながら、これを駅および集散地点へ搬出しない穀物所有者は、人民の敵として宣言され、一〇年以上の投獄、全財産の没収、彼の共同体からの永久的追放に処せられることを、はっきりと規定する。

(8)富農との仮借なき闘争のために団結するという勤労、無所有の、余剰をもたない農民の義務を追加する。

（一九一八年五月八日に執筆）

国内戦争とテロル

ヴォロダルスキー暗殺に対する報復

一九一八年六月二六日

同志ラシェーヴィチやその他の中央委員にも

同志ジノーヴィエフ　今日になって中央委員会で聞いたところでは、ピーチェルでは労働者たちがヴォロダルスキー殺害に対して大量テロルで報復したいと願っているのに、あなたが（あなた個人ではなく、ピーチェルの中央委員や市委員たちが）抑えているとのことだ。私は断固として抗議する。

われわれは名誉を汚している。ソヴィエトの決議ですら大量テロルをやるぞと脅しておきながら、実際になると、完全に正しい大衆の革命的イニシアティヴにブレーキをかけるとは。こんなことは　アッテ　ハ　ナラ　ナイ。

テロリストたちはわれわれのことを意気地なしとみるだろう。超戦争的な時機なのだ。エネルギーをかきたて、反革命分子に対するテロルの大衆的印象を高めなければならない。とくにピーチェルにおいてだ。そこでの手本が決定的なのだ。

（「ジノーヴィエフへの手紙」一九一八年六月二六日、『レーニン全集』第五版五〇巻一〇六頁）

左派エスエルの反逆を粉砕せよ

ツァリーツィン　人民委員スターリンへ

本日午後三時、左派エスエルがミルバッハ〔ドイツ大使〕を爆殺した。この殺害は明らかに帝政派のためか、英仏帝国主義者のためになされた。左派エスエルたちは犯人を引き渡すことを拒み、ジェルジンスキーとラツィスをとらえ、われわれに対して蜂起をおこした。われわれは本日の夜には無慈悲に鎮圧し、人民にプラウダ（真実）を話すつもりだ。「吾々は戦争の寸前だ」と。われわれは左派エスエル数百人の人質を握っている。反革命派の握る武器となったこのみじめな、ヒステリックな冒険主義者どもを無慈悲に粉砕しなければならない。戦争に反対する者はわれわれに味方するだろう。

バクーにかんしてもっとも重要なことは、あなたがシャウミャンとたえず連絡をたもつことであり、〔……〕そこで、エスエル左派にたいして仮借ない態度をとられたい。

（スターリンへの手紙、一九一八年七月七日）

参考　スターリンの返事

あなたの連絡を受け取った。おこりうる不測の事態を防ぐためになんでもやる。われわれの手がふるえることのないことを確信してほしい。

（『ボリシェヴィーク』一九三六年二号）

農民反乱へのテロル

一九一八年八月九日

同志フョードロフ

ニージニーでは、明らかに、白衛軍の反乱が準備されている。全力をふりしぼり、独裁官の三人委員会（君、マールキンほか）をつくり、ただちに大量テロルをおこない、兵士に酒をのませる売春婦や元将校などなど数百人を銃殺ないし追放せよ。

一瞬の遅延も許されない。

こんなときにどうしてロマノフ〔県執行委員会議長〕が出発できるのか理解できない。〔……〕

非常委員会の議長ペーチェルスは、彼らのところからニージニーに信頼できる連中が行っていると話していた。

猛烈に行動しなければならない。大量家宅捜索が必要である。武器を所有していたら銃殺せよ。メンシェヴィキと危険分子を大量に追放せよ。倉庫の警備は交代制にし、信頼できる者を配置せよ。

君たちのところへカザンからラスコリニコフとダニシェフスキーが向かったとのことだ。

この手紙を友人たちに読んできかせ、電信か電話で私に返事をよこせ。

あなたのレーニン

（フョードロフへの手紙、一九一八年八月九日）

ペンザ県執行委員会あて

写しはエヴゲーニヤ・ボグダノヴナ・ボーシのところへ

あなたの電報をうけとった。えりぬきの信頼できる人々からなる特別防衛隊を組織し、クラーク〔富農〕、坊主、白衛軍軍人に対して無慈悲な大量テロルを実行すること、疑わしい連中は、市外の強制収容所にとじこめることが必要である。印刷局を操業させせよ。執行状況について打電せよ。

人民委員会議議長レーニン

（ペンザ県執行委員会あての手紙、一九一八年八月九日）

一九一八年八月二〇日

リヴヌイ執行委員会へ

写しは軍司令官セマシコと共産党員の組織へ

郡内のクラークと白衛軍とを精力的に鎮圧したことを歓迎する。鉄は熱いうちにきたえられねばならない。一瞬も失わずに、郡内の貧農を組織せよ。蜂起をおこしたクラークから、すべての穀物とすべての財産を没収し、クラーク中の首謀者を吊せ。わが部隊の信頼しうる指揮官のもとに貧農を動員して、武装させよ。富農から人質をとり、彼らの住む郷からすべての余剰穀物が集められ収納されるまで、抑留しておけ。執行状況を打電せよ。模範的な鉄連隊の一部をただちにペンザへ送れ。

人民委員会議議長レーニン

（リヴヌイ執行委員会への手紙、一九一八年八月二〇日）

同志たちよ　五郷のクラークの反乱には無慈悲な鎮圧を加えなければならない。革命全体の利害がこのことを求めている。なぜならいまやいたるところでクラークとの「最後の決戦」がはじまっているからだ。模範を示さなければならない。

(1)ハッキリしたクラーク、富農、吸血鬼をすくなくとも一〇〇人は吊すこと（かならず民衆がみているところで、吊すこと）。

(2)彼らの氏名を公表すること。

(3)彼らから穀物全量を没収すること。

(4)人質をとること。昨日の電報の通りにせよ。

〔……〕

受け取りと実行を打電せよ。

あなたのレーニン

（「クラーエフ、ボーシ、ミンキンへの手紙」一九一八年八月一一日、『レーニン――知られざる資料　一八九一―一九二二年』）

プロレタリアートの独裁

⑴一九一七年一〇月二五日（一一月七日）の革命は、ロシアにプロレタリアートの独裁を実現した。プロレタリアートは、貧農すなわち半プロレタリアートの支持を受けて、共産主義社会を創設しはじめた。

⑵この革命の原因、意義、目標をただしく理解するためには、第一に、資本主義およびブルジョワ社会の本質、その基本的な本性と、それが共産主義に発展する不可避性とをあきらかにすること、第二に、帝国主義と帝国主義戦争との本性をあきらかにすることが必要である。この帝国主義戦争が、資本主義の崩壊を早めて、プロレタリア革命を日程にのぼせたのである。

（「ロシア共産党（ボリシェヴィキ）綱領草案」一九一九年）

コミンテルンの創設

ことし、一九一九年三月、モスクワで共産主義者の国際大会がひらかれた。この大会は、第三共産主義インタナショナル、万国にソヴィエト権力を樹立することを目ざす全世界の労働者

の同盟を創立した。〔……〕

いまでは、資本のくびきを打破する事業に依然として忠実な労働者は、自分を共産主義者と呼んでいる。全世界で共産主義者の同盟は成長しつつある。幾多の国々で、すでにソヴィエト権力は勝利をおさめた。もうしばらくすれば、われわれは全世界に共産主義の勝利を見るであろうし、世界ソヴィエト連邦共和国の創立を見るであろう。

（蓄音機に録音された演説、一九一九年）

三　内戦の終わりと新経済政策へ

内戦の終わりと食糧税への転換

この一年間を通じて、〔……〕われわれの活動の基本点のうちで、第一のものは、戦争から平和への移行である。〔……〕

この移行は、われわれが夢にも予期しなかったような激動を必要とした。われわれがこの報告期間に我々の政策上でおかし、またわれわれがいまなお恐れ苦しんでいるかずかずの誤りやまちがいの主要な原因の一つは、疑いもなくここにある。前代未聞の苦しい緊張に堪えぬいた国内でわれわれが作り出さなければならなかった軍隊を復員させるとなると、〔……〕われわれは、〔……〕これまでまったく軽視してきた諸任務に、当面させられたのである。〔……〕国は数年間、もっぱら軍事的任務のために力をつくし、すべてをあげてこれらの任務を支えてき、この目的のために最後の余力、乏しい予備と資源をいささかもおしまなかった——そして戦争がおわってからやっと、われわれには、長いあいだ痛手をいやすだけにかかり切らなければならないほどの零落と窮乏のあることがはっきりわかったのである。

破壊的な帝国主義戦争ののち、多年にわたる内戦といったような目にあってきた国が、全力を戦線に投ずる以外、存立のしようがなかったことはいうまでもない。そして荒廃しきった国が、補償としてほかになに一つ与えることすらしないで、農民から余剰食糧を取り上げるという以外に、どうしようもなかったこともちろんである。……しかしこうした諸事情は、あのように長くつづいた戦争の後、農民経済がすっかり衰弱し、そのため播種の低下にも、生産手段の悪化にも、収穫率の低下、労働力の不足、等々にも基づいて不作が生じる、という結果にわれわれを導いた。

農民経済の危機という条件のもとで、われわれは都市と農村にたいする援助をこの農民経済に訴えるほかに生きる道のないことを、理解しなければならない。〔……〕それが、政府党である共産党に、プロレタリアートの指導的・革命的分子に、われわれがこの一年たえず示してきた態度とは別な態度を要求することは疑いない。〔……〕私のいっているのは、プロレタリアートが少数者であり、多数が小ブルジョワ的である国でプロレタリア革命が展開されているとき、勝利したプロレタリアートが小経営主にたいしてとる態度である。

このような考慮にもとづいて、中央委員会は割当徴発を現物税に代える問題について、決定もし、討論を開始もしたのであり、そして今日この問題を直接大会にかけ、諸君は今日の諸君の決定によってこれを可決したのである。〔……〕農民経営から余分を取り上げるということは、戦時情勢のために絶対に必要なものとしてわれわれに押し付けられた措置であるが、農民経営が存続するための多少とも平和的な条件には、適合しないものである。農民には、農民はしかじかのものを供出するが、しかじかのものは自分の地方的取引に使用してよいという確信をもたせなければならない。

（「第一〇回共産党大会での中央委員会政治活動についての報告」一九二一年三月八日）

タムボフ農民戦争の鎮圧

タムボフ県軍司令官トゥハチェフスキーのレーニンあてタムボフ農民戦争平定報告（一九二一年七月一六日）

（同志レーニンの指示に従ったタムボフ県匪賊活動報告の抜粋）

1　五月はじめの匪賊活動の状態

タムボフ県の五郡〔……〕にはソヴィエト権力は存在しなかった。〔……〕農民反乱に包まれたこの地域では権力はエスエル党の政策貫徹組織である勤労農民同盟がにぎっていた。匪徒は二万一〇〇〇人に上った。〔……〕

2　作戦の計画

匪徒の生きた力を壊滅させることは、その弱い戦闘能力のため、深刻な困難ではなかった。主要な、最も困難な課題は地域の制圧、匪徒の発生源の占領とそのソヴィエト化であった。〔……〕

3　達成された成果と今後の施策

四〇日間の系統的に遂行した作戦の結果、タムボフ県の農民反乱は一掃された。勤労農民同盟は壊滅した。ソヴィエト権力はいたるところで復活した。二万一〇〇〇人の匪徒のうち七月一一日まで生き残ったのは一二〇〇人の騎兵だけである。匪賊団の頭目の多くは殺害された。農民は匪徒の眼中からは消え、彼らからの軍事的保護を赤軍にもとめている。しかし、農民は食糧税の布告がまじめなものだと明確に信じていない。〔……〕

このため私は以下の方策をとることが必要だと考える。

(1)タムボフ県から目下行動している軍隊を一年間は撤退させないこと〔……〕

トゥハチェフスキー

資料への書き込み　秘密　同志トロツキーへ　七月二九日　レーニン

（『アントノフシチーナ資料集』タムボフ、一九九四年）

党内分派の禁止

一連の事情のため国内の小ブルジョワ的住民のあいだに動揺がつよまっている現在では、党の隊列の統一と団結をはかり、党員相互の完全な信頼を確保し、さらにプロレタリアートの前衛の意志の統一を実際に具現した真に協力一致した活動を確保することが、とくに重要である。〔……〕

すべての自覚した労働者が、どんなものでも分派は有害であり、ゆるしえないということを、はっきりさとる必要がある。〔……〕

分派結成との実践上の闘争では、党の各組織は、どのような分派行動もゆるさないよう、きわめて厳重に監視することが必要である。〔……〕

党内に、またソヴィエトの全活動のうちに厳格な規律を打ち立てるため、またあらゆる分派結成を排除して、もっとも大きな統一をなしとげるために、大会は規律の違反とか、分派の発生や黙認とかの場合には、党からの除名をふくむあらゆる党処罰の措置をとり、また中央委員については中央委員候補に格下げするとか、非常措置としては党から除名さえする全権を中央委員会にあたえる。

（「党の統一についてのロシア共産党第一〇回大会の決議原案」一九二一年三月）

一九二一年飢民救済委員会に対する抑圧

同志スターリンへ　ナンセンの露骨きわまりない提案（救援委員会のカデットを任命せよ）、これら救援委メンバーの振る舞い、添付した電報が、われわれは誤りを犯したことをこの上なくはっきりと示している。〔……〕

あなたも知っているように、ルイコフが出発前に私のところに来て、ルーノフ某という味方の人間から聞いたとして、プロコポーヴィチが反政府演説をした集会のことを話してくれた。この集会はプロコポーヴィチが開いたものだが、「飢民救済委員会」という名前に隠れて行ったという。

いまは何を待つべきなのか。かれらの公然たる準備を我慢することは考えられるか。絶対に考えられない。

私は提案する。本日、金曜日、八月二六日全ロシア執行委員会の決定により飢民救済委員会を解散しよう。その動機は彼らが仕事を放棄していること、彼らの決議にある。資金を取り上げ、清算のために一人のチェカー部員を任命することだ。

プロコポーヴィチは反政府演説〔……〕の容疑で今日中に逮捕し、三カ月拘留し、この集会を子細に調査する。のこりの委員も、ただちに、本日モスクワから追放し、できるかぎり鉄道のない郡庁所在地に一人ずつ配流して、監視する。〔……〕

明日短い五行の「政府発表」をのせる。「活動を希望しないので、解散された。」〔……〕

痛む歯は直ちに抜かなければならない。そうすれば万事につけて大きな利益がある。動揺してはいけない。今日政治局でこの件を終わらせるように勧める。

（スターリンへのメモ、一九二二年八月二六日）

一九二二年教会攻撃

飢餓地方では人食いがおこなわれていて、道端に何千とはいわずとも、何百もの死体がころがっているとき、まさにいまこそ、いまだけ、われわれは教会財宝の没収を、もっとも狂ったような、無慈悲なエネルギーをもって実行できるのだ（だからしなければならないのだ）。まさにいまこそ、いまだけ農民大衆の大多数がわれわれの側につくか、ひとにぎりの黒百人組的聖職者たちと反動的な都市の町人たちがソヴィエトの布告に対して暴力的抵抗の政策を試す気になるのを公然と支持するかのいずれかになるのだ。

われわれには、なんとしても教会財宝の没収をもっとも決然と、もっとも急速に実行することが必要だ。それによって、われわれは数億金ルーブリのフォンドを確保できる。（一部の修道院と聖堂の巨大な富を思うべきだ）このフォンドなくしては、国家活動一般も、とくにいかなる経済建設も、ジェノヴァ会議で自国の立場を主張することも、まったく考えられないのだ。だから数億（あるいは数十億）金ルーブリになるこのフォンドを手中に収めることがどうして

も必要なのだ。これをうまくやれるのは今だけだ。〔……〕

したがってわたしの結論は無条件にこうなる。われわれはいまこそ黒百人組的聖職者たちにもっとも決然たる、もっとも無慈悲な戦闘をいどみ、彼らの抵抗を残酷に鎮圧し、彼らがこのことを数十年間忘れないようにさせなければならないのだ。〔……〕

シューヤに全ロシア執行委員会のもっとも精力的で、事情を理解している管理能力ある民バーの一人〔……〕を派遣し、彼に政治局員を通じて口頭での訓令を与えること。この訓令は、彼がシューヤで教会財宝の没収に関する全ロシア執行委員会の布告に暴力的に抵抗した嫌疑のある地元聖職者、地元の町人とブルジョワジーをできる限り多く、すくなくとも数十人は逮捕することにつきる。〔……〕政治局は司法当局に、飢民支援に抵抗したシューヤの反乱者に対する裁判を最大限すみやかにおこない、シューヤのみならず、可能ならモスクワといくつかの宗教的センターのもっとも影響力ある、危険な黒百人組派を相当多数銃殺するところにもっていくよう詳細な指令を同じく口頭であたえること。総主教チホンその人には触れないのが合目的的だと私は考える。〔……〕

レーニン

（モロトフ気付けで政治局員への手紙、一九二二年三月一九日）

クルスキーへの指示

同志クルスキー

司法人民委員部〔クルスキーはロシア共和国司法人民委員〕の活動は新経済政策にいまだまったく適応していない。

以前は、ソヴィエト権力の戦闘機関は主として軍事人民委員部と非常取締委員会であった。いまではとくに戦闘的な役割は司法人民委員部の分担となっている。残念ながら、司法人民委員部の指導者と主要な活動家はこのことを理解しているようにはみえない。

ソヴィエト権力の政治的な敵とブルジョワジーの手先（とくにメンシェヴィキとエスエル）に対する抑圧を強化すること、この抑圧を革命裁判所と人民法廷によってもっとも急速に、革命的＝合目的的に実行すること、モスクワ、ピーチェル、ハリコフその他いくつかの重要中心地で一連の模範的な裁判（抑圧のスピードと強度の点でも、裁判と出版物を通じてその意義を人民大衆に説明する点でも）をかならずひらくこと、党を通じて革命裁判所裁判官と人民法廷判事に対して、裁判の活動を改善し、抑圧を強化するよう働きかけること――これらすべてのことが系統的に、ねばり強く、執拗に、かならず公開してすすめられなければならない。

（クルスキーあての手紙、一九二二年二月二〇日）

同志クルスキー

私の意見では、メンシェヴィキ、エスエルその他のあらゆる種類の活動に対して、銃殺の適用を拡大しなければならない（国外追放に代えることもふくめて）。〔……〕

これらの活動を、国際ブルジョワジーおよび彼らのわれわれに対する闘争と結びつける定式をみつけなければならない（出版物とスパイの買収、戦争の準備等々）。〔……〕

裁判所はテロルを排してはならない。テロルを排すると約束するのは自己を欺くか、または他人を欺くものであろう。テロルを、原則的に、はっきりと、偽りなしに、かざりなしに根拠づけ、法制化しなければならない。できるかぎり広い定式をつくることが必要である。なぜなら革命的法意識と革命的良心のみが実際に多少とも広範に適用する条件をつくるからである。

（クルスキーあての手紙、一九二二年五月一五―一七日）

ソ連邦の誕生

九月二六日

同志カーメネフ　あなたはロシア共和国に独立共和国が入ることについてのスターリンの委員会の決議を彼からすでに受け取ったでしょう。〔……〕

私はこのことについて昨日ソコリニコフと話し、今日スターリンと話しました。明日はムジヴァニに会うつもりだ。〔……〕

私の意見では、ことは極度に重大だ。スターリンには少々急ぎすぎる傾向がある。あなたはよく考えてもらいたい。ジノーヴィエフも同じだ。

スターリンはすでに一点で譲歩することに同意した。第一項は、ロシア共和国に「加入」するという代わりに、以下のようにする。

ロシア共和国と正式に連合して、ヨーロッパ＝アジア・ソヴィエト共和国連邦をつくる」

この譲歩の精神はわかるね。そう期待する。われわれは、ウクライナ社会主義ソヴィエト共和国およびその他の国々と同権であるとみとめ、これらの国々と一緒に、対等に、新しい同盟、新連邦、「ヨーロッパ＝アジア・ソヴィエト共和国連合」に加入するのである。

（カーメネフへの手紙、一九二二年九月二六日）

四　のこされた言葉

スターリンとトロツキー

わが党は二つの階級に依拠している。したがって、わが党が不安定となることはありうることだし、もしもこの二つの階級のあいだに合意が成り立ちえないとなると、わが党の崩壊は不可避となる。このような場合には、あれこれの方策を講じたり、一般にわが党中央委員会の安定性について論議したりしても無益である。この場合はどんな方策を講じても分裂をふせぐことはできないであろう。しかし、こういうことは、あまりにも遠い将来のことだし、あまりにもありそうにない事件だから、これについて話しても意味がないと私は思っている。

私が念頭においているのは、当面の分裂を免れる保障としての安定性ということであり、純粋に個人的な性質のいくつかの考慮について検討してみようと思う。

この観点よりすれば、安定性の問題で基本的なことは、スターリンやトロツキーのような中央委員であると私は思う。私の意見では、彼らのあいだの関係は、さけようと思えばさけられる分裂の危険の過半をなしている。その分裂をさけるのには、中央委員会のメンバーを五〇人ないしは一〇〇人にふやすことも役立つはずである。

同志スターリンは、書記長となって、その手中に無限の権力を集中した。私は、彼がつねに十分慎重にこの権力を行使しうるかどうか確信がもてない。他方で、同志トロツキーは、運輸人民委員部の問題に関連して中央委員会に闘争をすすめたことがすでに証明しているように、傑出した才能の持主とだけはいえない。個人的には、彼は、おそらく現在の中央委員会の中でもっとも才能ある人物であろうが、また極度に自信過剰で、事柄の純粋に行政的な側面に極度に熱中するところがある。

現在の中央委員会の二人の傑出した指導者のこのような二つの資質は、ふとしたことからも分裂を導きかねない。そしてわが党がこのことを妨げるために手を打たなければ、分裂は思いがけない形でやってくるかもしれない。

私はこれ以上中央委員会の他のメンバーの個人的資質を特徴づけることはすまいと思う。ただ、注意しておきたいのは、ジノーヴィエフとカーメネフの一〇月のエピソード〔この二人が、十月革命の直前に蜂起に反対するとの意見を新聞に発表したことをさす〕は、もとより偶然のことではないが、トロツキーの非ボリシェヴィズム同様、そのことであまり彼らを個人的に責めてはならないということである。

中央委員会の若手のメンバーの中では、ブハーリンとピャタコーフについて若干述べたい。

この二人は、私の意見ではもっとも傑出した人材（いちばんの若手のうちでは）であり、彼らについては次のことを考慮に入れるべきであろう。すなわち、ブハーリンは党のもっともかけがえのない、最大の理論家であり、当然ながら全党のお気に入りとみなされている。しかし、彼の理論的見解が完全にマルクス主義的なものと位置づけられるかどうかは非常に疑わしい。なぜなら、彼にはスコラ的なものがあるからである（彼は弁証法を一度も学んだことがなく、けっして完全には理解しなかったと思う）。

一二月二五日。それからピャタコーフは、疑いもなく傑出した意見の人、傑出した能力の持主であるが、行政と事物の管理的側面にあまりに熱中しすぎるので、重大な政治問題では彼に依拠することができない。もとよりどちらの論評も、この二人の傑出した献身的活動家が自分の知識をおぎない、自分の一面性をあらためる機会をもたないと仮定した上で、現状についてのみ述べたものである。

レーニン

二二年一二月二五日

エム・ヴェ〔ヴォロチェヴァ〕筆記

スターリンはあまりに粗暴である。そしてこの欠点は、われわれ共産主義者のあいだやそのつきあいにおいては十分許容できるものであるが、書記長の職務にあっては許容できないものとなる。だから、私は、スターリンをこの地位から他に移す方法を考え、この地位に、他のあらゆる点では同志スターリンを辛うじてこえるだけであったとしても、まさに、彼よりももっとがまん強く、もっと忠実で、同志たちにもっと丁寧で、思いやりがあり、彼ほど気まぐれでない等々の別の人物を任命するよう同志諸君に提案する。この事情はとるにたらない、些細なことのように思えるかもしれない。しかし、分裂をふせぐ観点よりすれば、私が先に書いたスターリンとトロツキーの相互関係の観点からすれば、これは些細なことではないと思う。いいかえれば、これは決定的な意義をもつことになりかねない類いの些事であると思う。

レーニン

一九二三年一月四日

エリ・エフ〔フォーチエヴァ〕筆記

（「大会への手紙」一九二二年一二月二四、二五日、二三年一月四日）

民族問題――抑圧民族の態度

私は、悪名高い自治共和国化の問題――公式にはソヴィエト社会主義共和国同盟の問題とよばれているらしいが――に十分エネルギッシュに、十分鋭く介入しなかったことについて、ロシアの労働者に対して非常に責任があると思う。

この問題がおこった夏には、私は病気であった。だが、その後秋には、自分の健康が回復し、一〇月の総会と一二月の総会でこの問題に介入することができるようになるだろうと過大な期待をいだいていた。しかし、私は一〇月の総会（この問題についてひらかれた）にも、一二月の総会にも出席できなかったので、こうして、この問題は私をほとんどまったく素通りしていった。

私は同志ジェルジンスキー〔ポーランド人〕と話し合うことができただけであった。彼はカフカースからもどると、グルジヤでこの問題がどうなっているかを私に話してくれた。私はまた、同志ジノーヴィエフとも二言、三言、言葉をかわすことができたので、この問題にかんする自分の懸念を彼に表明した。グルジヤ事件の「調査」のため中央委員会によって派遣された委員会の長である同志ジェルジンスキーが話してくれたことから、私はこの上なく大きな懸念を抱くばかりであった。もしも、オルジョニキーゼが、同志ジェルジンスキーが私に知らせたように、肉体的暴力をふるうほどの行きすぎをやるところまでいっているなら、われわれがどんなに泥沼にはまり込んだかは想像に難くない。明らかに、この「自治共和国化」のもくろみ全体が根本的に正しくなく、時宜をえないものであったのである。〔……〕

機構の統一が要求されていたのだという者がいる。だが、このような断定はどこから出ているのか。自分の日誌のこれまでの号の一つで私がすでに指摘したように、われわれがツァリーズムから借用して、ソヴィエトの油をほんのわずか塗っただけの、あのロシアの機構そのもののから出ているのではないか。

われわれが自分の機構を自分のものとして責任を負うといえるようになるまでは、こういう措置を講ずるのをひかえるべきであることは、疑いもない。ところが、いまはわれわれは良心にかけて反対のことをいわなければならないのである。われわれが自分の機構とよんでいるのは、実際には、徹頭徹尾われわれとはなお無縁であり、ブルジョワ的なものとツァーリ的なものをごちゃまぜにしたものであって、他国からの支援もなく、軍事的な「仕事」と飢えとの闘いばかりが多かったこの五年間には、これをつくりかえることがまったく不可能であったのだ、といわなければならないのである。

こういう条件のもとでは、われわれが自分たちの正当化のために使っている「同盟離脱の自由」などは、典型的なロシア人官僚のような、真にロシア的な人間、大ロシア排外主義者、この、実質的には卑劣漢で、暴力主義者たちの襲来からロシアの異族人を守る力のない一片の反古《ほご》となってしまうことは、まったく当然である。わずかなパーセントしかないソヴィエト的労働者とソヴィエト化された労働者とが、この排外主義的な大ロシア人のごろつきたちの大海の中では、牛乳におちた蠅《はえ》のように、おぼれてしまうであろうことは疑いもない。

この措置を弁護するために、民族心理、民族教育を直接扱う人民委員部を独立させたではないかという者がいる。しかし、この場合、こういう人民委員部を完全に独立させうるものなのか、という疑問がおこるし、さらに、異族人を真にロシア人的な巡査どもから本当に守るために、われわれは十分な心づかいをもって手をうってきたか、という第二の疑問がおこる。私の考えでは、われわれは、そういう手がうてるし、うつべきであったのに、そうしてこなかったのだ。

この点ではスターリンの性急さと行政官的熱中、さらに悪名高き「社会民族主義」に対する敵意が致命的な役割を演じたと思う。一般に敵意は政治では通常、最悪の役割を演じるのである。

私は、またこれらの「社会民族主義者」の「犯罪」事件を調査しにカフカースへ行った同志ジェルジンスキーも、この点では、その真にロシア人的な気分ばかりを発揮したのではないかと思うし（周知のように、ロシア人化した異族人はつねに真にロシア人的な気分の点で度をすごすものである）、彼の委員会全体の公平さはオルジョニキーゼの「鉄拳制裁」によって十分に特徴づけられるのではないかとも思っている。いかなる挑発も、いかなる侮辱ですらも、このようなロシア的な鉄拳制裁を正当化しえないし、同志ジェルジンスキーはこの鉄拳制裁に軽率な態度をとった点で、とりかえしのつかない罪を犯したのだと私は考える。

（「少数民族の問題または『自治共和国化』の問題によせて」一九二二年一二月三〇日）

したがって、抑圧民族、いわゆる「大きな」民族（もっとも、大きいのは、ただ自分の暴力行為の点でだけ、巡査が大きいのと同じように大きいだけである）の側からみた国際主義とは、諸民族間の形式的平等をまもるというだけではなくて、抑圧民族、大民族としては、生活の中に事実上形成されている不平等をつぐなうような不平等を甘受するということでなければならない。このことを理解していない者は、民族問題に対する真にプロレタリア的な態度を理解していない者であり、本質的には、小ブルジョワ的な観点にとどまっている者であり、したがって、たえずブルジョワ的観点に転落せざるをえないのである。

プロレタリアにとって重要なことは何か。プロレタリアにとってただたんに重要であるばかりか、どうしても必要であるのは、プロレタリアの階級闘争に異族人の最大限の信頼を確保することである。このためには何が必要か。このために必要なのは、形式的平等だけではない。このために必要なのは、歴史的過去において「大国」民族の政府が異族人に加えた不信、疑惑、侮辱を、異族人に対する自らの態度、自らの譲歩によりなんとかつぐなうことである。

ボリシェヴィキ、共産主義者にとって、このことをこれ以上、くわしく説明することはいらないと私は思う。そして、この場合、グルジヤ民族については、われわれが、事柄に対する真にプロレタリア的態度からして、格別に慎重で、思いやりある態度をとり、譲歩も辞さないことが必要である典型的な例であると、私は思う。事柄のこの側面をいいかげんに扱い、「社会民族主義」という非難をいいかげんに投げつけるグルジヤ人（だが、彼自身が本物の、真の「社会民族主義者」であるばかりか、粗暴な大ロシア人的巡査なのだ）は、実はプロレタリア的階級連帯の利益を損なっている。なぜなら、民族的不公正さほどプロレタリア的階級連帯の発展と強固さを阻害するものはなく、また平等の感情とこの平等の侵害――たとえ不注意による場合でさえ、冗談の形にせよ――に対するほど、自分の同志であるプロレタリアによるこの平等の侵害に対するほど、「侮辱された」民族の人々が敏感であることはないからである。だからこそ、この場合は、少数民族に対する譲歩とおだやかさの点で行きすぎる方が、し足りないのよりはましなのである。だからこそ、この場合、プロレタリア連帯の根本利益、したがってプロレタリア階級闘争の根本利益からして、われわれは民族問題に対して形式的な態度はけっしてとってはならず、抑圧民族（または大民族）に対する被抑圧民族（または小民族）のプロレタリアの態度にかならずある違いというものをつねに考慮しなければならないのである。

〔……〕

人民委員部が細分され、モスクワとその他の中心地とで委員部間の活動のくいちがいが出ても、党の権威がいくぶんでも十分慎重に、公正に行使されれば、それによってくいちがいは十分に抑えられる。

少数民族の機構とロシア人の機構の統一機関がないためにわが国家が蒙る損害は、われわれだけでなく、インタナショナル全体が、またわれわれにつづいて、近い将来歴史の前舞台に登場しようとしているアジアの数億の諸民族が蒙る損害とくらべれば、測りえないほどに小さいし、無限に小さいのである。もしもわれわれが、この東洋の登場の前夜に、その覚醒のはじまりにあたって、自国内の異族人に対して、たとえどんなに小さな粗暴さでも、不公正でも、それを示したために、東洋でのわれわれの権威を傷つけることがあれば、それは許すべからざる日和見主義ということになろう。資本主義世界をまもる西欧帝国主義者に対して結束することが必要だということはたしかである。このことに疑問はありえないし、私がこの措置に無条件に賛成することはいうまでもない。だが、われわれ自身が、たとえとるに足らぬ小さなことでも、被抑圧民族に対して帝国主義者的な態度をとるにいたり、そのことによって帝国主義との闘争にかかわる自分の原則的な誠実さのすべて、原則的な擁護論のすべてを完全に傷つけるとすれば、話はまったく違ってしまう。ところで、世界史における明日という日は、まさにめざまされた帝国主義下の被抑圧民族が最終的に目ざめる日、彼らの解放をもとめる長期かつ困難な決戦がはじまる日となるのだ。

（「少数民族の問題または『自治共和国化』の問題によせて」一九二二年一二月三一日）

すべての人を一人のこらず協同組合の業務に参加させる、消極的にではなく、積極的に参加させるということのために、われわれがやらなければならないことは、「文明化された」（何よりもまず読み書きのできる）ヨーロッパ人の観点からすれば、ほんのわずかのことだけである。実をいえば、われわれにのこされているのは、次のこと「だけ」である。すなわち、わが国の住民が協同組合に一人のこらず入ることがどんなに有利か理解し、この参加をまとめるほどに、「文明化される」ことである。ただこれ「だけ」である。社会主義へ移るには、いま他にはどんな難しい理屈もわれわれにはいらない。しかし、この「だけ」をなしとげるためには、一個のまったき変革が必要である。全人民大衆の文化的発展の一時代が必要である。だから、われわれのきまりは、理屈をこねること、趣向をこらすことはできるかぎり少なくすることである。ネップはこの点でもっとも普通の農民の水準に合っており、農民に高度なことを何も要求しないという点で、進歩である。〔……〕

いまやすべては、われわれがすでに発揮した、しかも十分に発揮して、完全な成功を収めた、あの革命的な勢い、あの革命的熱狂と（私はあえてこういう覚悟がほぼできている）分別のある、読み書きのできる商人となる能力——よき協同組合活動家にはそれでまったく十分なのである——とをうまく結合することである。私が商人となる能力というのは、文化的な商人となる能力のことである。商売ができさえすれば、商人になれると考えるロシア人たち、あるいはまさに農民たちは、このことを心にとめておいてもらいたい。それはまったく正しくない。商売するというだけでは、文化的な商人となる能力まではまだまだ大変距離があるのだ。いまはアジア的に商売をしているが、商人となるためには、ヨーロッパ的に商売しなければならない。そうなるまでには一時代のひらきがあるのである。〔……〕

われわれの前には、一時代をなす二つの主要な課題がある。第一は、まったく何の役にも立たない、われわれが前の時代からそのまま受けついだわれわれの機構をつくりかえるという課題である。われわれは闘争の五年間何一つまともな改造をやってのけなかったし、そうすることができなかったのだ。われわれの第二の課題は農民のための文化工作である。ところで、農民のあいだでのこの文化工作は、経済的目標としては、まさに協同組合化を目ざしている。完全に協同組合化すれば、われわれはすでに両の足で社会主義の地盤に立つことになる。だが、この完全な協同組合化という条件は、農民（まさに巨大な大衆としての農民）の文化性をうちにふくんでおり、したがって、この完全な協同組合化は完全な文化革命なしには不可能なのである。

われわれの敵は、われわれが十分に文化的でない国で、社会主義を植えつけるという無謀なことを企てていると、一度ならずいい立ててきた。だが、われわれが理論（あらゆる衒学者《げんがく》の）によって予定されている端からはじめなかったこと、わが国では、政治的、社会的変革が、文化的変革、文化革命に先行した——われわれはやはりいま文化革命に直面している——ことは、彼らの誤算だった。

完全な社会主義国となるためには、われわれにとっていまはこの文化革命で十分である。しかし、われわれにとって、この文化革命は、純文化的な面からも（われわれは文盲だから）、物質的な面からも（文化的であるためには、物質的な生産手段の一定の発展が必要であり、一定の物質的基礎が必要であるからである）信じがたいほどの困難にみちているのである。

（「協同組合について」一九二三年一月四、六日）

ロシア革命の運命

「ロシアは、社会主義を可能とするほどの生産力発展の高みに到達していなかった。」第二インタナショナルのすべての英雄たち、そしてもとよりスハーノフも、この命題を、まことに、ありがたがって、かつぎまわっている。この異論のない命題を、彼らはさまざまな風にくどくどとくりかえしているが、彼らにとっては、これはわれわれの革命を評価するのに決定的なものであるらしい。

だが、独特な情勢が、ロシアを、第一に、多少とも勢力ある西ヨーロッパのすべての国をまきこんだ帝国主義世界戦争の中におき、さらに、ロシアの発展を、はじまりかけ、部分的にはすでにはじまった東洋の革命と境を接するところにおき、われわれが、マルクスのような「マルクス主義者」が一八五六年のプロイセンについて可能な展望の一つとした、労働運動と「農民戦争」の同盟をまさに実現できる条件をつくったとすれば、どうなのだろうか。

完全に出口のない状態が、そのことによって労働者と農民の力を十倍にも高め、他のすべての西ヨーロッパ諸国の場合とは、異なった道で、文明の基本的前提づくりにすすむ可能性をわれわれにひらいてくれたとすれば、どうなのだろうか。このことから世界史の発展の一般的な線は変わったであろうか。世界史の一般的行程に引き込まれようとしている、また引き込まれた、それぞれの国家の基本的な諸階級の基本的な相互関係はこのことから変わったであろうか。

もしも社会主義をつくり出すためには、一定の文化水準が必要だとしたら（もっとも、誰一人、まさにこの特定の「文化水準」とはいかなるものかをいうことはできない。それは西ヨーロッパ諸国でも、国によってさまざまだからである）、まずわれわれがこの一定の水準のための前提を革命的なやり方で獲得することからはじめ、しかるのちに、すでに労農権力とソヴィエト制度を基礎として、他の諸国民においつくために前進することがどうしていけないのか。

（「わが国の革命について」一九二三年一月一六日）

現在われわれの日常生活の一般的特徴となっているのは、次のことである。われわれは、資本主義的工業を破壊したし、中世的制度、地主的土地所有をすっかり破壊しようと努めた。そして、この地盤の上に、プロレタリアートの革命工作の結果を信じてプロレタリアートのあとにしたがう小農と零細農をつくり出したのである。だが、この信頼をたよりとして、より発達した諸国で社会主義革命が勝利するまでもちこたえるのは、容易なことではない。なぜなら、小農と零細農は、とくにネップのもとでは、経済的必然によって、極度に低い労働生産性の水準にあるからである。〔……〕

このようにして、われわれは現在、次のような問題の前に立たされている。われわれは、西ヨーロッパの資本主義諸国が社会主義への自らの発展を完了するまで、わが国の小農的生産と零細農的生産のままで、われわれの零落状態のままで、もちこたえられるだろうか。ところで、そのような国々はわれわれが以前に期待したようには発展を完了していかない。そのような国々がその発展を完了していくのは、その国々で社会主義が均等に「成熟」することによってではなく、ある国家が他の国家に収奪される、帝国主義戦争で敗北した国家のうちの第一のものが収奪され、それが東洋全体の収奪と結合される道筋を通ってである。だが、他方からすれば、東洋は、まさにこの第一次帝国主義戦争のために、革命運動の中に最終的に入り込み、世界革命運動の全体的循環に最終的に引き入れられたのである。〔……〕

われわれは、これらの帝国主義国家との迫りくる衝突からたすかるだろうか。繁栄する西欧帝国主義国家と繁栄する東洋帝国主義国家の内的矛盾と衝突が、〔……〕一度目と同様に、二度目の猶予もわれわれに与えてくれると期待してよいだろうか。〔……〕

闘争の結末は、究極的には、ロシア、インド、中国その他が人口の圧倒的大多数をなすということによって決まる。まさにこの人口の多数派が近年は異常な速度で、自己解放の闘争に引き入れられており、したがってこの意味では、世界的闘争の最終的結着がどうなるかについては一点の疑いもありえない。この意味では、社会主義の最終的勝利は、完全かつ無条件に保障されている。

だが、われわれの興味をひくのは、社会主義の最終的勝利のこの不可避性ではない。われわれの興味をひくのは、西ヨーロッパの反革命国家にわれわれをたたきつぶさせないようにするために、われわれ、ロシア共産党が、われわれロシアのソヴィエト権力が、とらねばならない戦術である。反革命的帝国主義的西欧と革命的民族主義的東洋との次の軍事的衝突、世界の最高の文明諸国と東洋的におくれた諸国――だが彼らこそ多数者をなすのだ――との次の軍事的衝突がおこるまで、われわれの生存を確保するためには、この多数者が文明化しとげることが必要である。われわれにとっても、社会主義へ直接移行するためには、政治的前提はあるとしても、文明が不足しているのである。われわれのなすべきことは、このような戦術をとるか、あるいはわれわれの救いのために、次のような政策をとることである。

われわれは、労働者が農民に対する自らの指導性と自分に対する農民の信頼を維持するとともに、自らの社会的関係から、最大の節約によって、むだというむだは、跡形もなく取りはらってしまうような国家を建設するように努めなければならない。

われわれはわが国の国家機構を最大限の節約により削減しなければならない。われわれは、ツァーリ・ロシアから、その官僚主義的＝資本主義的機構からもちこして、かくもたくさんのこっているむだをわが国の国家機構から跡形もなく取りはらってしまわなければならない。

こうすることは農民的狭量の王国を生むことになるのではないか。

そんなことはない。われわれが、農民に対する指導を労働者階級にひきつづきもたせれば、わが国内の経営を最大限に節約するという代価をはらうことによって、われわれの機械制大工業の発展のために、電化、水圧利用泥炭採取の発展のために、ヴォルホフ川発電所建設工事その他の完了のために、どんなわずかでもあらゆる貯蓄をするようになる可能性をうるのである。

このことに、このことにのみ、われわれの希望がある。そうするときにはじめて、われわれは比喩的にいえば、馬をのりかえることができるだろう。つまり、農民の、ムジークの、やせおとろえた馬から、零落した農民国をあてにする節約の馬から、プロレタリアートが自分のために求めており、求めざるをえない馬、機械制大工業、電化、ヴォルホフ発電所建設等々の馬にのりかえることができるだろう。

（「量は少なくとも、質のよいものを」一九二三年三月二日）

最後の手紙

(1)グルジヤ共産党の前中央委員会を偏向主義と非難したのはなにゆえか。
(2)彼らを党規律違反と非難したのはなにゆえか。
(3)ザカフカース地方委員会がグルジヤ共産党中央委員会を抑圧したと非難されたのはなにゆえか。
(4)物理的抑圧手段（「生物力学」）。
(5)ウラジーミル・イリイーチ〔レーニンのこと〕が欠席のときと出席のときの中央委員会の路線。
(6)委員会の態度。委員会は、グルジヤ共産党中央委員会に対する非難、あるいはザカフカース地方委員会に対する非難だけを検討したのか。生物力学の事例を検討したのか。
(7)現在の状態（選挙戦、メンシェヴィキ、抑圧、民族的不和）。

（「調査委員会への指示」一九二三年二月）

極秘親展

尊敬する同志トロツキー

私はあなたに党中央委員会でグルジヤの一件を弁護するのを引きうけてくれるよう強くお願

いしたい。この件はいまスターリンとジェルジンスキーの「迫害」をうけているが、私は彼らの公平さに期待できない。それどころかまったく逆である。もしもあなたがこの弁護を引きうけるのに同意してくれれば、私は安心できるのだが。もしもあなたがなにかの理由で承知してくれなければ、私に一件書類をそっくり返してもらいたい。私はそれをあなたの不承知のしるしととるだろう。

最良の同志的挨拶をもって　レーニン

（「トロツキーへの手紙」一九二三年三月五日）

極秘親展

写しは同志カーメネフとジノーヴィエフのもとに

尊敬する同志スターリン

あなたは、無礼にも、私の妻を電話口によび出し、彼女を罵倒した。彼女はいわれたことを忘れるのに同意したが、にもかかわらず、この事実は彼女を通じてジノーヴィエフとカーメネフの知るところとなった。私は、自分に対してやられたことを、そんなに簡単に忘れるつもりはないし、私が、妻に対してやられたことを私に対してやられたことだとみなすのは、いうまでもない。だから、あなたがいったことを取り消して、謝罪するか、それともわれわれの関係を断つことの方を望むのか、よく考えるよう、あなたにお願いしたい。

二三年三月五日

敬意をもって　レーニン

（「スターリンへの手紙」一九二三年三月五日）

極秘

同志ムジヴァニ、マハラッゼらへ

写しは同志トロツキーとカーメネフのもとに

尊敬する同志諸君

私は、全霊をもってあなたがたの一件を見守っている。私はオルジョニキーゼの乱暴ぶりとスターリンおよびジェルジンスキーの黙認に対して憤激している。あなたがたのために覚え書と演説を準備している。

二三年三月六日

敬意をもって　レーニン

（「ムジヴァニ、マハラッゼらへの手紙」一九二三年三月六日）

1924年１月、レーニン廟の前に集まったソ連の党指導者たち

病後のレーニンと愛猫。1922年の夏、ゴルキにて

文献案内

レーニンと妻クルプスカヤ。ゴルキにて。1922年９月撮影

全集

『レーニン著作集』第二版・第三版

В. И. Ленин. Сочинения, т. I-XXX. 2-е изд., 1926-32; 3-е изд., 1930-37.

革命後最初に出された著作集（二〇巻、一九二〇―二六）は不十分なものであったので、第二版が実質的には最初の完備した著作集となった。第三版は装幀をあらためただけの普及版。この二・三版ははじめカーメネフ、のちブハーリンらの編集になり、註がくわしく公正であり、付録資料にめずらしい文書を収めているので、今日も価値を失っていない。

『レーニン著作集』第四版

В. И. Ленин. Сочинения. 4-е изд., т. 1-35. М., 1941-53; т. 36-45, М., 1957-67.

大月書店版の邦訳『レーニン全集』（一九五三―六九）の底本。はじめ三五巻はスターリン版というにふさわしく、二・三版に入っていた文章でも落とされたものもあり、テキストにも省略があり、註は簡単で、歪曲をふくんでいた。三三巻までが著作で、三四・三五巻が書簡。スターリン批判後、補遺が出された。三六巻は二・三版から落とされたものや五六年発表の「遺書」などを収め、三七巻は「近親者あての手紙」、三八巻「哲学ノート」、三九巻「帝国主義論ノート」、四〇巻「農業問題ノート」、四一―四五巻は、のちの第五版に入った新発見の著作、書簡を年代順に収めている。

『レーニン全集』第五版

В. И. Ленин. Полное собрание сочинений. 5-е изд., т. 1-55. М., 1958-65.

現在もっとも完備した著作集で、はじめて全集と称した。四五巻までが著作で、のこりが書簡である。執筆プランを各巻の終わりにまとめてあり、哲学、帝国主義論、国家論ノートも年代順に配列されている。付録資料はないが、レーニンの最後の時期の秘書の当直日誌は収められている（四五巻）。註は改善されており、各巻の索引も便利である。この五版から『国家論ノート』が訳されている（村田陽一訳　大月書店　一九七二）。

なお、この五版の別巻として、『マルクス・エンゲルス書簡集への書き込み』、『農業問題ノート』、『「ロシアにおける資本主義の発達」ノート』の三冊が出ている。

『レーニン文書集』

Ленинский сборник, т. I-XXXV. M., 1924-45; т. XXXVI, M., 1959; т. XXXVII-XXXVIII. M., 1970-75.

カーメネフの編集ではじまった文書集。三六巻までに収められた著作・書簡は、四版・五版におり込みずみだが、三七・三八巻の分は、その後の新発見であり、見落とせない。一般にノート類は、原語で収められ、一九〇五年以前の手紙は、相手からの来信も合わせてのせているので、独自の意義がある。その他、五版およびその別巻にも収められていないノート、書き込み類がある。そのうち、ブハーリンの『過渡期の経済学』とローザ・ルクセンブルクの『資本蓄積論』への書き込みは、『経済学評注』（木原正雄訳　大月書店　一九七四）として邦訳され、「民族問題にかんするノート」も、村田陽一訳で同じ出版社より七七年に出た。

ペレストロイカ以後公開された資料は次にある。

V. I. Lenin, Neizvestnye dokumenty 1891-1922. Moscow, 1999［『レーニン――知られざる資料』モスクワ、一九九九年］

主要著書

単行本として出版された重要なものを執筆順にかかげる。内容については「思想と生涯」も参照のこと。

『ロシアにおける資本主義の発達』

Развитие капитализма в России. СПб., 1899. IX, 480, VIII c.

「ヴラヂーミル・イリイーン」の名で出版されたレーニンの最初の学問的大著。ペテルブルクの出版社が合法出版した。副題が「大工業のための国内市場の形成過程」とある。初版二四〇〇部。一九〇八年には再版が出た。

『なにをなすべきか』

Что делать? Наболевшие вопросы нашего движения. Штутгарт, 1902, 144 c.

「エヌ・レーニン」の名でシュトゥットガルトの本屋から自費出版された。副題が「われわれの運動の焦眉の諸問題」である。

『一歩前進、二歩後退』

Шаг вперед, два шага назад. Кризис в нашей партии. Женева, 1904, 172 c.

「エヌ・レーニン」の名で、ボリシェヴィキの党印刷所から刊行した。第二回党大会における組織問題をめぐる分裂、ボリシェヴィキとメンシェヴィキの論争を整理し、メンシェヴィキを批判した文献。

『民主主義革命における社会民主党の二つの戦術』

Две тактики социал-демократии в демократической революции. Женева, 1905, IV, 108 c.

「エヌ・レーニン」名で、ボリシェヴィキのにぎる党中央委員会の出版物として出された。この年のうちに国内のペテルブルク、モスクワでも復刻されている。メンシェヴィキとボリシェヴィキの革命論の違いをくわしく論じている。『二つの戦術』と略記。

『第一次ロシア革命における社会民主党の農業綱領』

Аграрная программа социал-демократии в первой русской революции 1905-07 годов. 1917, VIII. 269 c.

一九〇七年の一一―一二月に書かれたが、一九〇八年に機関紙『プロレターリー』に一部発表されただけで、一九一七年になって完全に公刊された。署名は「ヴェ・イリイーン（エヌ・レーニン）」。

『唯物論と経験批判論』

Материализм и эмпириокритизм. Критические заметки об одной реакционной философии. М., 1909, c. I-III, 5-440.

「ヴェ・イリイーン」の名で、国内で合法出版された。マッハ、アヴェナリウスの経験批判論を批判したレーニンの代表的な哲学上の著作。

『資本主義の最高の段階としての帝国主義』

Империализм, как высшая стадия капитализма. Пг., 1917, c. 3-130.

一九一六年に書かれ、二月革命後出版された。「エヌ・レーニン（ヴェ・イリイーン）」の名で、表題も『資本主義の最新の段階としての帝国主義』と変えられ、テキストにも手が加えられていた。

『国家と革命』

Государство и революция. Учение марксизма о государстве и задачи пролетариата в революции. Пг., 1918, 115 с.

七月事件で指名手配された潜行先で書いたが、出版できたのは十月革命後のことであった。「ヴェ・イリイーン（エヌ・レーニン）」の署名で出された。初版三万七〇〇〇部であった。

『プロレタリア革命と背教者カウツキー』

Пролетарская революция и ренегат Каутский. М. -Пг., 1918, 135 с.

カウツキーの十月革命批判のパンフレット『プロレタリアート独裁』（一九一八年）に対する反駁である。民主主義の見地よりする憲法制定会議解散への批判と農民に対する食糧徴発政策に対する批判を中心に取り上げて反論しているが、歴史的にみると、この論争はなかなか苦しいものであった。署名は「エヌ・レーニン（ヴラ・ウリヤーノフ）」である。

『共産主義内の「左翼」小児病』

Детская болезнь "левизны" в коммунизме. Петербург, 1920, 111 с.

コミンテルン第二回大会に向けて、ロシア革命の経験に教条主義的な態度をとり、労働組合や議会の中での活動を否定する傾向を批判したもの。各国語に訳された。署名は「エヌ・レーニン」。

参考文献

『レーニンの思い出』上・下　クループスカヤ著　内海周平訳　青木文庫　一九五四年
『続 レーニンの思い出』クループスカヤ著　加藤久一郎訳　青木文庫　一九七〇年
『レーニン伝』一―三　ソ連邦共産党中央委員会付属マルクス＝レーニン主義研究所著　日本共産党中央委員会宣伝教育部訳　日本共産党中央委員会出版局　一九六〇年
『レーニン　生涯と思想』ルフェーヴル著　大崎平八郎訳　ミネルヴァ書房　一九六三年
『世界の名著52　レーニン』江口朴郎編　中央公論社　一九六六年
『レーニン』トロツキー著　松田道雄・竹内成明訳　河出書房新社　一九七二年
『レーニン家の人びと』シャギニャン著　伊東勉・植村進訳　未来社　一九六九年
『若きレーニン』一―二　蔵原惟人著　新日本新書　一九六九―七一年
『レーニン伝への序章　その他』ドイッチャー著　山西英一・鬼塚豊吉訳　岩波書店　一九七二年
『ロシア史研究』第一九号「初期レーニンの諸問題」ロシア史研究会　一九七二年
『レーニン主義の起源』パイプス著　桂木健次・伊東弘文訳　河出書房新社　一九七二年
『知られざるレーニン』ヴァレンチノフ著　門倉正美訳　風媒社　一九七二年
『チューリヒのレーニン』ソルジェニーツィン著　江川卓訳　新潮社　一九七七年
『レーニンの最後の闘争』レヴィン著　河合秀和訳　岩波書店　一九六九年
『レーニンの想い出の日日』フォティエワ著　太田多耕・聴濤弘訳　啓隆閣　一九七〇年

『冬の峠——1920—22年のレーニン』ドラプキナ著　山村房次訳　新日本新書　一九七〇年
『レーニン「遺書」物語——背信者はトロツキイかスターリンか』藤井一行著　教育史料出版会　一九九〇年
『レーニンの秘密』上・下　ドミートリー・ヴォルコゴーノフ著　白須英子訳　日本放送出版協会　一九九五年
『レーニン』上・下　ロバート・サーヴィス著　河合秀和訳　岩波書店　二〇〇二年
『レーニン　権力と愛』上・下　ヴィクター・セベスチェン著　三浦元博・横山司訳　白水社　二〇一七年
『レーニン　二十世紀共産主義運動の父』和田春樹著　山川出版社　二〇一七年

ヤ行

ラ行

ナ行

ハ行

マ行

サ行

タ行

索引

ア行

カ行

[編訳者]
和田春樹（わだ・はるき）
1938年大阪生まれ。東京大学文学部西洋史学科卒業。東京大学名誉教授。専門はロシア・ソ連史、現代朝鮮研究。主な著書に『ヒストリカル・ガイド ロシア』『テロルと改革』（以上、山川出版社）、『歴史としての社会主義』『北方領土問題を考える』『朝鮮戦争全史』『日露戦争 起源と開戦（上・下）』『北朝鮮現代史』（以上、岩波書店）、『スターリン批判 1953〜56年』『ロシア革命』（以上、作品社）、『金日成と満州抗日戦争』『東北アジア共同の家』『領土問題をどう解決するか』『慰安婦問題の解決のために』『ウクライナ戦争 即時停戦論』（以上、平凡社）、『日朝交渉30年史』（ちくま新書）など。

平凡社ライブラリー 959

レーニン・セレクション

発行日…………2024年1月10日　初版第1刷

著者……………ウラジーミル・レーニン
編訳者…………和田春樹
発行者…………下中順平
発行所…………株式会社平凡社
〒101-0051　東京都千代田区神田神保町3-29
電話　(03)3230-6573[営業]
ホームページ　https://www.heibonsha.co.jp/

印刷・製本……藤原印刷株式会社
ＤＴＰ…………大連拓思科技有限公司＋平凡社制作
装幀……………中垣信夫

©Haruki Wada 2024 Printed in Japan
ISBN978-4-582-76959-3

落丁・乱丁本のお取り替えは小社読者サービス係まで
直接お送りください（送料は小社で負担いたします）。

【お問い合わせ】
本書の内容に関するお問い合わせは
弊社お問い合わせフォームをご利用ください。
https://www.heibonsha.co.jp/contact/

平凡社ライブラリー　既刊より

ルース・ベネディクト著／越智敏之・越智道雄訳
菊と刀
日本文化の型
西洋との比較の枠組みを与え日本文化への反省と自負の言説を巻き起こしつづけた日本論の祖。事実誤認をも丁寧に注釈しながら、強固な説得力をもつこの書を精確かつ読みやすく新訳。
【HLオリジナル版】

白川静著
文字答問
「井と丼の違いは？」「名刺の起源は？」「東洋はどこ？」——『字通』『常用字解』の著者が、読者の様々な質問に答える回答集。
解説＝小山鉄郎

半藤一利著
日露戦争史1・2・3
あの時なぜ大国ロシアと戦ったのか？　ベストセラー『昭和史』の筆者が近代日本に決定的な転機をもたらした日露戦争を描く大作ノンフィクション。全3巻。

廣松渉・加藤尚武編訳
ヘーゲル・セレクション
廣松渉がヘーゲル学者の加藤尚武とともに、ヘーゲルの哲学体系を鳥瞰できるよう、テーマ別にその全作品からポイントとなる箇所を抜き出し独自に訳出した名アンソロジー。

佐藤優著
神学の思考
キリスト教とは何か
イエス・キリストは本当にいたのか？　神が造った世界になぜ悪があるのか？　21世紀にキリスト教は役に立つのか？　佐藤優によるキリスト教神学の入門書。